Diana Sprick

In den Schlagzeilen:
Israel und Palästina.

**Arbeitsmaterialien
für die Sekundarstufen**

Nach der neuesten Fassung
der Rechtschreibregeln –
gültig ab August 2006!

Impressum

Titel:	*In den Schlagzeilen:* **Israel und Palästina.** Arbeitsmaterialien
Autorin:	Diana Sprick
Fotos:	Ricky De Souza/Diana Sprick (außer auf den Seiten 10, 18, 19, 21, 23, 29, 37–40, 45–47 und 57)
Druck:	Druckerei Uwe Nolte, Iserlohn
Verlag:	Verlag an der Ruhr
	Postfach 10 22 51, 45422 Mülheim an der Ruhr
	Alexanderstraße 54, 45472 Mülheim an der Ruhr
	Tel. 02 08/439 54 50, Fax 02 08/439 54 39
	E-Mail: info@verlagruhr.de
	www.verlagruhr.de

Aktualisierte Auflage 2006
© **Verlag an der Ruhr 2005**
ISBN 10: 3-86072-980-2 (bis 12/2006)
ISBN 13: 978-3-86072-980-9 (ab 2007)

geeignet für die Klasse 7 8 9 10 11 12

Diese Arbeitsmaterialien beziehen sich auf das Sachbuch
In den Schlagzeilen: Israel und Palästina. Fakten und Hintergründe,
das Sie beim Verlag an der Ruhr bestellen können.

In den Schlagzeilen:
Israel und Palästina
Fakten und Hintergründe
Michael Gallagher
12–17 J., 44 S., 21 x 26 cm, Hardcover, vierfarbig
ISBN 3-86072-981-0
Best.-Nr. 2981
12,50 € (D)/12,85 € (A)/21,90 CHF

Für die Arbeit in Gruppen können Sie auch Gruppenpakete ordern:

Kleingruppenpaket:
In den Schlagzeilen:
Israel und Palästina
Fakten und Hintergründe
5 Ex. Bücher + 1 Ex. Arbeitsmaterialien
ISBN 3-86072-995-0
Best.-Nr. 2995
65,– € (D)/66,80 € (A)/96,– CHF

Gruppenpaket:
In den Schlagzeilen:
Israel und Palästina
Fakten und Hintergründe
10 Ex. Bücher
ISBN 3-86072-997-7
Best.-Nr. 2997
95,– € (D)/97,65 € (A)/141,– CHF

Die Schreibweise der Texte folgt der neuesten Fassung
der Rechtschreibregeln – gültig ab August 2006.

Alle Vervielfältigungsrechte außerhalb der durch die Gesetzgebung eng
gesteckten Grenzen (z.B. für das Fotokopieren) liegen beim Verlag. Der Verlag
untersagt ausdrücklich das Speichern und Zur-Verfügung-Stellen dieses Buches
oder einzelner Teile davon im Intranet, Internet oder sonstigen elektronischen
Medien. Kein Verleih.

Inhalt

Vorwort 4

Rückblicke – Fakten – Hintergründe

Israel und palästinensische Autonomiegebiete	5
Nahost – Die Region im Überblick	6
Der Nahostkonflikt und die Beteiligten	7
Der jüdische Traum und die Träumer	8
Jüdische Einwanderung nach Palästina	9–10
Zwei Welten treffen aufeinander ...	11
Die Staatsgründung im Rückblick	12
Der Kibbuz und die Idee dahinter	13
Gemeinsame Sprachen: Sprich Hebräisch!/Sprichst du Arabisch?	14–17
Der palästinensische Traum und die Träumer	18
Der Weg zu einem unabhängigen „Palästina"	19–20
„Dieses Land gehört uns!"	21

Einblicke – Alltäglichkeiten – Normalitäten

Juden aus aller Welt	22
Palästinenser in aller Welt	23
Arabische Israelis: Minderheit?/Sicherheitsproblem?/Zukunftschance?	24-27
Minderheiten in Israel und Palästina: Charedim, Christen, Drusen, Beduinen	28
Hummus, Tahina, Falafel: Rezepte	29–30
Begegnungen im Alltag	31–32
Die israelische Verteidigungsarmee: Wehrpflicht und Verweigerer	33–35
Grenzerfahrungen: Besatzung/Checkpoints/Gewalt auf beiden Seiten	36-38
Selbstmordattentäter und Terroranschläge	39
Der „ganz normale" Alltag: in Israel/in den palästinensischen Gebieten	40–43
Die jüdischen Siedlungen und die Siedler	44–45
Palästinensische Flüchtlinge und Flüchtlingslager	46

Perspektiven – Dialog – Kooperation

Eine Mauer trennt das Land – Sicherheit oder Apartheid?	47
Der Nahostkonflikt auf der Couch	48–49
Was haben deutsche Juden mit dem Nahostkonflikt zu tun?	50
Der Friedensprozess – Akteure und Saboteure	51
Ein Telefonat mit Präsident Bush?	52
Vermittlungsarbeit an der Basis	53
Ta'ayush: eine jüdisch-arabische Aktionsgruppe	54
Welche Initiativen gibt es?	55
Deutsch-israelisch-palästinensische Beziehungen	56
Arabische Demokratie in Palästina	57
Gibt es Hoffnung auf Frieden?	58

Anhang

Akteure im Nahostkonflikt	59-64
Fotomaterial	65-67
Links und Literatur (mit Tipps und Hinweisen zu Begriffen und Schreibweisen)	68-69

Vorwort

Die Arbeitsmaterialien sind eine Ergänzung zum Lesebuch 📖 „In den Schlagzeilen – Israel und Palästina", das den gesamten historischen und politischen Hintergrund des Nahostkonflikts in überschaubaren und verständlichen Einheiten zusammengefasst darstellt. Einige der Aufgaben beziehen sich direkt auf bestimmte im Lesebuch dargestellte Ereignisse. **Seitenangaben im linken oberen Bereich der Arbeitsblätter und/oder in den Aufgaben selbst verweisen auf die zugehörigen Seiten** im Lesebuch 📖 „In den Schlagzeilen – Israel und Palästina".

Besonders die Zeitleisten und Kurzbiografien im Lesebuch 📖 „In den Schlagzeilen – Israel und Palästina" sind eine wichtige Hilfe für Lehrer und Schüler* und es lohnt sich, das Lesebuch im Zusammenhang mit den aktuellsten Entwicklungen und Nachrichten auch immer wieder als Nachschlagewerk zu benutzen.

Im Anhang der Arbeitsmaterialien befinden sich als hilfreiche Ergänzung zu Lesebuch und Arbeitsaufgaben eine vom Redaktionsteam des Verlags an der Ruhr erstellte **Übersicht über die Akteure im Nahostkonflikt** sowie **Fotoseiten mit ausgewählten farbigen Fotos**.

Ziel der vorliegenden Arbeitsmaterialien ist es, die wichtigen Aspekte Geschichte und Politik um weitere, für das Verständnis des aktuellen Konflikts unerlässliche Fakten zu ergänzen: **Kultur**, **Alltag** und **Menschen**, **Meinungen** und **Gegenmeinungen** sowie die **Friedensbemühungen beider Seiten** im kleinen Alltag, außerhalb der großen Politik. Folgenden Fragen wollen die Texte und Materialien näher kommen: Wie lebt man mit dem Nahostkonflikt? Wie sieht der Alltag aus? Was haben die Menschen auf beiden Seiten zu sagen? Was wünschen sie sich? Wovor haben sie Angst? Wovon träumen sie? ... Ohne die Menschen, ihre Probleme, Ängste, Erfahrungen und ihre Mentalität zu begreifen, ist auch die gesamte Politik im Nahen Osten niemals zu verstehen.

Die Beschäftigung mit dem im Lesebuch zusammengefassten historischen Hintergrund des arabisch-israelischen Konflikts, verbunden mit der in den Arbeitsmaterialien angeregten **Auseinandersetzung mit möglichen Friedenslösungen und Perspektiven**, macht deutlich, wie nah der Nahostkonflikt uns tatsächlich ist und welche Verantwortung „der Westen" im Allgemeinen, aber auch jeder Einzelne von uns trägt.

Selbstverständlich ist es im gegebenen Rahmen nicht möglich, alle wichtigen Aspekte des Nahostkonflikts aufzugreifen. Diese Arbeitsmappe soll ganz bewusst nur einige **ausgewählte Anhaltspunkte und Diskussionsgrundlagen** liefern.

> Der aus Damaskus stammende deutsche Jugendbuchautor Rafik Schami sagt:
> *Ich plädiere seit über einem Jahrzehnt dafür, im Lehrplan der Schulen wöchentlich eine Stunde für Kulturen der Welt vorzusehen. Hier könnten Wissen und Begegnung Früchte tragen. In dieser Stunde der „Kultur der Völker" können sich junge Menschen offen und kritisch, aber mit Respekt über andere Kulturen informieren und darüber diskutieren.*
> — aus: Rafik Schami, 7 Bemerkungen eines hoffnungsvollen Pessimisten, zum 9. Bundeskongress für politische Bildung, März 2003, www.bpb.de

In diesem Sinne sollen die Arbeitsmaterialien das **Interesse wecken**, die am Nahostkonflikt beteiligten Kulturen offen, kritisch und mit Respekt weiter zu hinterfragen und zu erforschen. Die Texte, Aufgaben und Projektvorschläge wollen **Lust aufs Nachfragen machen**, Tipps und Hilfen geben, wo sich überall offene Fragen verstecken, und **zeigen, wie man fragen kann und darf** und wie man damit selbst etwas in Bewegung bringt.

Viel Spaß dabei und hoffentlich heiße Diskussionen!
Diana Sprick

---

* Aus Gründen der besseren Lesbarkeit haben wir in diesem Buch durchgehend die männliche Form verwendet. Natürlich sind damit auch immer Frauen und Mädchen gemeint, also Lehrerinnen, Schülerinnen etc.

Israel und palästinensische Autonomiegebiete

Seiten 10–19 — Rückblicke – Fakten – Hintergründe

„Palästina"

„Palästina" bezeichnet ein historisches Gebiet, das seit der israelischen Staatsgründung 1948 nicht mehr existiert. Die Palästinenser hoffen auf die Gründung eines neuen eigenen Staates „Palästina" mit voller Souveränität in naher Zukunft – dabei ist noch nicht klar, wo genau die Grenzen dieses Staates verlaufen sollen. Wer heute von „Palästina" als aktuellem Land spricht, bringt damit seine politische Auffassung zum Ausdruck, dass ein solcher Staat sehr bald geschaffen werden sollte. Noch gibt es „Palästina" nicht, sondern bloß die „palästinensischen Autonomiegebiete" (Stand: April 2006).

Projektvorschlag

➲ Besorgt euch für die weitere Arbeit mit diesen Arbeitsmaterialien eine detaillierte Karte von Israel, palästinensischen Gebieten und Umgebung. Ihr könnt eine alte Schulkarte nehmen, auf Kork oder Styropor ziehen und sie mit dicken Farbstiften, Heftzwecken und Kordel „aktualisieren", oder ihr kauft aus der Klassenkasse eine aktuelle Karte – z.B. gibt es im Internet verschiedene Karten in Postergröße zu bestellen.

	Israel	Palästinensische Autonomiegebiete
Amtssprachen:	Hebräisch, Arabisch	Arabisch
Hauptstadt:	Jerusalem (die Mehrzahl der internationalen Botschaften befindet sich jedoch in Tel Aviv)	Gaza (provisorisch, Ostjerusalem wird als Hauptstadt beansprucht), der Präsident residiert in Ramallah

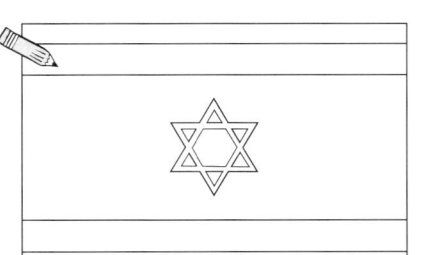

Die **israelische Nationalflagge** zeigt einen **blauen Davidstern** und **zwei waagerechte blaue Streifen** auf **weißem Grund**. Die Farben Weiß und Blau erinnern an den jüdischen Gebetsschal. Die Flagge wurde erstmals auf dem zionistischen Weltkongress 1897 in Basel gehisst. 1948 wurde sie zur Nationalflagge des neu gegründeten Staates Israel.

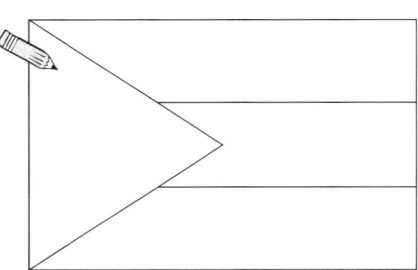

Die **Flagge der palästinensischen Autonomiegebiete** trägt die Farben **Grün, Weiß, Schwarz** und **Rot**. Diese Farben werden auch als Farben der panarabischen Bewegung bezeichnet und gehen auf die Flagge des arabischen Aufstands im 1. Weltkrieg zurück. Grün gilt allgemein als die Farbe des Islam.

Aufgabe

➲ Übertragt die Tabelle oben auf eine größere Vorlage und ergänzt sie gemeinsam um folgende Angaben: Staatsform, Staatsgründung, Fläche, Bevölkerung, Bevölkerungsdichte, Währung, Nationalhymne, Präsident, Premierminister, Kfz-Kennzeichen, Internet-Top-Level-Domain und was euch noch einfällt. Die entsprechenden Angaben findet ihr in aktuellen Reiseführern und im Internet z.B. bei www.wikipedia.de oder unter www.israel.de und unter www.palaestina.org

Nahost – Die Region im Überblick

Rückblicke – Fakten – Hintergründe

Naher Osten/Nahost

Der Nahe Osten umfasst ein viel größeres Gebiet als bloß Israel, die palästinensischen Gebiete und die unmittelbar angrenzenden Nachbarländer. Da verschiedene arabische Staaten (z.B. auch der Irak) eine bedeutende Rolle im arabisch-israelischen Konflikt spielen, spricht man häufig vom *Nahost-Konflikt*.

Projektvorschlag

➲ **Teilt euch in Gruppen auf. Jede Gruppe repräsentiert eines der an Israel bzw. die palästinensischen Gebiete angrenzenden Länder. Recherchiert wichtige Daten und Fakten wie Hauptstadt, Sprachen, Religionen usw. und findet möglichst auch ein paar interessante Alltagsbeispiele: z.B. einen berühmten Popstar, Sportler, Schriftsteller usw. oder ein typisches Getränk/Essen aus diesem Land. Besonders spannend wäre natürlich ein Interview mit einem eurer Freunde, der aus diesem Land kommt und erzählen kann, wie man dort lebt.**
Benutzt für eure Recherchen das Lesebuch 📖 „Israel und Palästina" und leiht euch Reiseführer aus der Bibliothek aus. Im Internet werdet ihr z.B. unter www.auswaertiges-amt.de fündig. Wenn ihr genügend Material und Fotos findet, stellt euer Land auf einem Plakat vor.

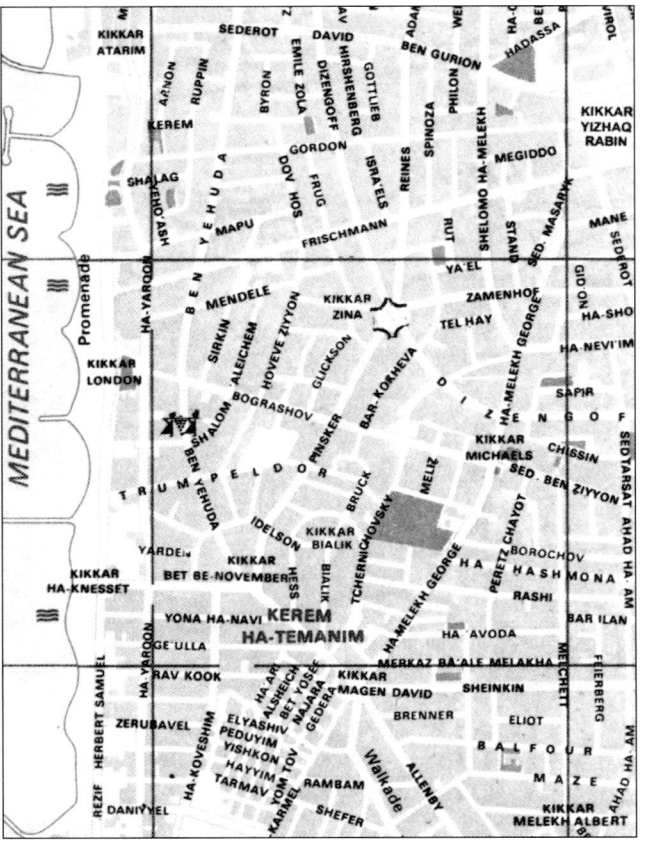

Machtverhältnisse im Nahostkonflikt

Der israelische Schriftsteller Sami Michael beschreibt die Situation in Nahost wie folgt:

Israel ist eine militärische Supermacht. In dieser Hinsicht sind die Palästinenser bloß eine störende Mücke. Die Mücke kann den Elefanten verrückt machen und der Elefant ist unfähig, sie zu fangen und zu Tode zu drücken. Aber gleichzeitig ist Israel, trotz seiner Macht, auch bloß eine Mücke verglichen mit dem panarabischen Elefanten, der im Zuschauerraum sitzt und jede Minute des Spektakels genießt. Die arabische Welt ist bereit, die Mücke in der Arena zu opfern, solange sie die Nerven des israelischen Dickhäuters trifft.

— Sami Michael, hier zit. nach: Gisela Dachs, Die Angst vorm Tod im Kaffeehaus, in: DIE ZEIT, Nr. 15/2002, S. 3.

Aufgaben

➲ *Was sagt Sami Michael mit seinem Mücke-Elefant-Vergleich über die Machtverhältnisse aus? Nimm zur Erklärung auch die Karte zuhilfe.*

➲ *Warum hat das israelische Militär das Westjordanland und den Gazastreifen in der Vergangenheit oft als „Pufferzonen" bezeichnet? Was ist damit gemeint? Wären solche „Pufferzonen" in einem modernen Krieg auch noch ein strategischer Vorteil? (Denke z.B. an moderne Kriegswaffen wie Langstreckenraketen!)*

Stadtplan von Tel Aviv (Ausschnitt). Viele Straßennamen erinnern an für die Geschichte der Region bedeutende Personen.

Der Nahostkonflikt und die Beteiligten

Alle Seiten — Rückblicke – Fakten – Hintergründe

Rechercheaufgaben für die Gruppenarbeit

➲ Jede Gruppe sammelt Informationen zu ihrem Thema und bereitet damit ein kurzes Referat vor. Pro Gruppe wird ein Sprecher ausgewählt, der dieses Referat vorträgt. Plant auch Zeit für Nachfragen und Diskussionen ein!

Tipp: Es lohnt sich, den Vortrag z.B. durch Karten, Zeichnungen oder eine Zeitleiste mit Stichworten an der Tafel anschaulich zu machen!

Gruppe A:
„USA im Kampf gegen Terrorismus"

➲ Die Regierung der USA führt einen Kampf gegen den Terrorismus und die von islamistischen Regierungen geführten arabischen Länder. Welche Rolle spielen Israel und Palästina in diesen politischen Auseinandersetzungen?

Tipp: Recherchiert (z.B. im Internet unter www.auswaertiges-amt.de und unter http://nahost-politik.de/irak/golfkrieg-1991.htm), warum Israel in den Kriegen gegen den Irak eine Rolle spielte und welche Auswirkungen ein Vorgehen der USA gegen den Iran zur Folge haben könnte.

Gruppe B:
„Europäische Interessen"

➲ Welche Außenpolitik und Interessen verfolgen die europäischen Länder in Bezug auf den Nahen Osten, Israel und Palästina?

Tipp: Informationen z.B. über Deutschlands Außenpolitik findet ihr im Internet unter www.bundesregierung.de und außerdem unter www.auswaertiges-amt.de

Gruppe C:
„Die Türkei im Konflikt"

➲ Welche Rolle spielt die Türkei heute im Nahostkonflikt? Welche Rolle spielt die Türkei in der „arabischen Welt", welche in der „europäischen Welt"?

Tipp: Informationen im Internet findet ihr z.B. unter www.tuerkischebotschaft.de und www.auswaertiges-amt.de sowie unter www.mfa.gov.tr (türk. und engl.).

Gruppe D:
„Konfliktuntersuchung im Diagramm"

➲ Zeichnet eine „Fieberkurve" des Nahostkonflikts. Tragt Jahreszahlen auf der x-Achse und die Intensität des Konflikts auf der y-Achse eures Diagramms ein.

Tipp: Nehmt die rot markierten Zeitleisten im Lesebuch „Israel und Palästina" zuhilfe, um euch einen Überblick über den Gesamtverlauf des Nahostkonflikts zu verschaffen. Verfolgt auch aufmerksam die aktuellen Nachrichten!

Gruppe E:
„Konflikt oder Krieg"

➲ „Konflikt" oder „Krieg" – Welcher Begriff ist für die Auseinandersetzungen zwischen Israel und den Palästinensern angebracht? Sammelt Argumente.

Tipp: Überlegt z.B., mit welchen Waffen beide Seiten kämpfen. Recherchiert dazu im Lesebuch „Israel und Palästina" und verfolgt auch aktuelle Nachrichten!

Rechercheetipps

⇨ Aktuelle Nachrichten und Hintergrundinformationen findet ihr im Internet z.B. unter www.spiegel.de (➜ „Politik" ➜ „Nahostkonflikt") und unter www.nahost-politik.de

Im Golfkrieg 1991 wurde Israel vom Irak angegriffen. Die „Scud"-Raketen schlugen vor allem im Großraum Tel Aviv und in Haifa ein. Es gab Tote und Verletzte.

Der jüdische Traum und die Träumer

Seiten 10–15

Rückblicke – Fakten – Hintergründe

Theodor Herzl und Tel Aviv

Theodor Herzl arbeitete Ende des 19. Jahrhunderts als bekannter Journalist und Schriftsteller in Wien. Nicht nur in seinen politischen Aktivitäten und Schriften verfolgte er seinen Traum von einem „Judenstaat", sondern er beschrieb diesen Traum auch in seinem Roman „Altneuland" (im Jahre 1902 veröffentlicht). Der hebräische Titel des Romans heißt „Tel Aviv" und nach ihm wurde die bereits 1909 von den ersten jüdischen Siedlern gegründete Stadt benannt.

In Herzls Roman „Altneuland" wird das großenteils öde oder versumpfte und unbewirtschaftete Land Palästina beschrieben, in dem die arabischen Dörfer keinen Wohlstand zu bieten haben. Angesichts der Zustände hält eine der Hauptfiguren folgende Rede:

Alles Nötige ist schon vorhanden, um eine bessere Welt zu machen. Und wissen Sie, Mann, wer den Weg zeigen könnte? Ihr! Ihr Juden! Gerade weil's Euch schlecht geht. Ihr habt nichts zu verlieren. Ihr könntet das Versuchsland für die Menschheit machen – dort [...] auf dem alten Boden ein neues Land schaffen. Altneuland!

— aus: Theodor Herzl, Altneuland, Haifa 1962, S. 33 (hier zit. nach: Luc Jochimsen, Dieses Jahr in Jerusalem. Theodor Herzl – Traum und Wirklichkeit, Aufbau-Verlag, 2004, S. 172–173.).

1899 schrieb Herzl in einem Brief an den damaligen arabischen Bürgermeister von Jerusalem:

> Sie sehen eine Schwierigkeit in der Existenz einer nichtjüdischen Bevölkerung in Palästina? Aber wer denkt denn daran, sie von dort zu entfernen? Gerade ihr Wohlbefinden, ihren Reichtum würden wir vermehren, indem wir den unseren bringen. Glauben Sie, dass ein Araber, der in Palästina ein Grundstück oder ein Haus im Werte von drei- oder viertausend Francs besitzt, sehr betrübt sein wird, wenn er den Wert seines Bodens auf das Fünffache oder Zehnfache steigen sieht? Das würde aber notwendigerweise mit der Ankunft der Juden geschehen. <u>Das</u> müsste man der Bevölkerung verständlich machen, dass sie ausgezeichnete Brüder gewinnt, die diese Provinz wieder fruchtbar machen.

— Brief von Theodor Herzl an Yousef Al-Khalidi 1899, zit. in: Alex Bein, Theodor Herzl, Fiba, 1934, S. 558.

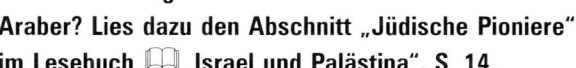

Eine israelische Telefonkarte zum 100. Jahrestag des ersten Zionistenkongresses in Basel. Darauf steht Herzls Spruch: „In Basel habe ich den Judenstaat gegründet."

Israelische Briefmarke mit einem Bild von Theodor Herzl.

Aufgaben

- Warum gab Herzl seinem Roman, der sich um Palästina dreht, den Titel „Altneuland"? Überlege dir mögliche Gründe.
- „Altneuland" ist ein utopischer Roman. Recherchiere, was Utopie bzw. Utopia bedeutet. Gibt es Gemeinsamkeiten zwischen einem Traum und einer Utopie?
- Wie sähe dein Utopia aus?

Aufgaben

- **Vergleiche Herzls Vision in seinem Brief mit den tatsächlichen Entwicklungen. Hatte Herzl Recht? Warum kam es in den 1920/30er Jahren zu heftigen Protesten der Araber?** Lies dazu den Abschnitt „Jüdische Pioniere" im Lesebuch „Israel und Palästina", S. 14.
- Was meinst du: Waren Theodor Herzls Absichten schlecht?

Linktipp

⇨ Mehr Infos zu Herzl, Zionismus und den Text des Romans „Altneuland" findest du unter www.zionismus.info

Jüdische Einwanderung nach Palästina – I

Seiten 10/11 Rückblicke – Fakten – Hintergründe

> Man kann sich nichts mehr wünschen als ein Land, wo man zu Hause ist, und Israel ist so ein Land für die Juden in der Welt!

(Aussage eines Schülers, 2004)

— aus: Haskala-Onlinezeitschrift, 2. Ausgabe vom 3. Juli 2004, http://schule.judentum.de/haskala/herzl/haskala-02.pdf

Die zionistische Vision

Theodor Herzl und viele europäische Juden seiner Generation hatten eine große Vision von einem besseren Leben in einer besseren Welt. Und zwar in einer Welt, die sie selbst mit eigenen Händen aufbauen würden. Historiker sprechen heute von einer gewissen "heiligen Einfalt" Theodor Herzls.

Die Begeisterung, mit der die ersten europäischen Einwanderer ihren Traum verwirklichen wollten, beschreibt der jüdische Schriftsteller Schmuel Josef Agnon (1888–1970):

Kamele und Esel führten Sand, Schubkarren rollten hin und her, Hämmer klopften, eine Steinwalze zermalmte Steine; unsere Genossen streuten Schotter zwischen Steine und machten aus Hügeln und Tälern ebenen Boden. [...] die Arbeiter eilen sich und laufen flink, anders als Araber, die angetrieben werden müssen. Unsere Genossen unterbrechen sich bei der Arbeit nur, um zu trinken und sich den Schweiß zu wischen [...].

Vom Steinbruch, aus dem Steine zum Bau gebracht werden, dringen der Schall von Sprengungen und der Geruch von Pulver her; dies ist kein Kriegslärm, es riecht nicht nach Krieg, sondern es ist der Lärm beim Bau, es riecht nach Siedlungswerk. Schon taucht aus dem Sand eine Art Straße auf, die dem Fuß eines Menschen, der darauf steht, festen Halt bietet; Männer, Frauen und Kinder kommen aus Jaffa, um ihren Tritt auf der Straße zu probieren, und denk nur, welch ein Wunder: die Straße sinkt nicht ein und der Fuß geht nicht im Sande unter! [...]

Touristen, die nach Jahrzehnten das Land bereisen und dies schöne, neue, Tel Aviv benannte Viertel von sechzig kleinen Häusern, jedes von einem Garten eingefasst, mit seinen sauberen Straßen zu sehen bekommen [...] – die werden sich kein Bild davon machen können, was für ein öder, unbewohnter Platz es war [...].

— aus: Samuel Joseph (Schmuel Josef) Agnon, Die Anfänge Tel Avivs, aus dem Hebräischen von Karl Steinschneider, in: ariel – Zeitschrift zur Kunst und Bildung in Israel, Nr. 77–78, Jerusalem 1991, S. 5–14.

Aufgaben

- Was ist "Zionismus"? Woher stammt der Begriff? Lies nach im Lesebuch "Israel und Palästina" S. 10/11 und im Lexikon oder im Internet z.B. unter www.wikipedia.de (➔ "Zionismus") oder unter www.zionismus.info
- Kritiker sagen, der zionistische Spruch "Ein Land ohne Volk für ein Volk ohne Land" sei Beweis, dass die Zionisten ihre Idee unter falschen Voraussetzungen aufgebaut haben. Was ist "falsch" an diesem Spruch? (Vgl. im Lesebuch "Israel und Palästina" S. 10/11.)
- Suche nach anderen Beispielen dafür, dass Menschen ein Land "zivilisieren" oder "aufbauen" wollten. Welche Konsequenzen hatte das jeweils für die ansässige Bevölkerung? Wieso und wo ergaben sich Probleme? (Denke z.B. an die Besiedlung Amerikas oder auch an die Entwicklungen der letzten Jahre im Irak.)

Israelischer Geldschein: 50 NIS (neuer israelischer Schekel) mit einem Bild des israelischen Literaturnobelpreisträgers Schmuel Josef Agnon. Der "Schekel" war schon vor weit über 2000 Jahren Zahlungsmittel in der Region des alten Palästina.

Linktipp

➪ Die Online-Jugendzeitschrift Haskala widmete ihre 2. Ausgabe vom Juli 2004 zum 100. Todestag Herzls dem Thema "Die Bedeutung Israels für jüdische Schüler in Deutschland". Dort findest du außerdem Briefe von jüdischen Schülern einer 7. Klasse an Theodor Herzl: http://schule.judentum.de/haskala/herzl/haskala-02.pdf

Jüdische Einwanderung nach Palästina – II

Seiten 10–13, 16/17

Rückblicke – Fakten – Hintergründe

Alija nach Palästina/Israel

Die verschiedenen Einwanderungswellen werden als Alija (hebr.: Aufstieg nach Zion) bezeichnet. Seit Anfang der 1990er Jahre spricht man von einer neuen russischen Alija. Mit dem Zusammenbruch der Sowjetunion wurde vielen Juden aus den russischsprachigen Ländern die Ausreise nach Israel genehmigt.

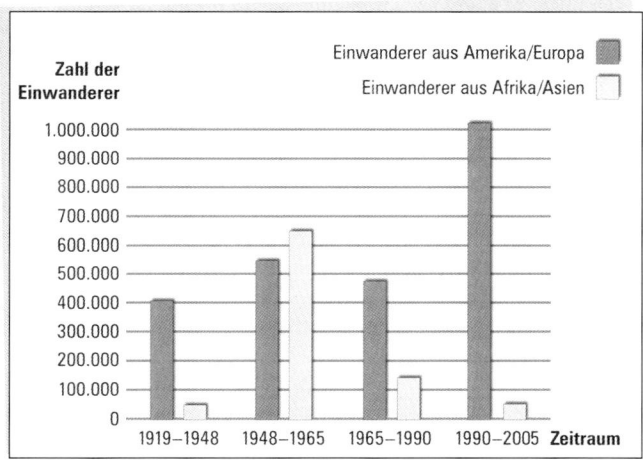

— Quelle: Israelisches Zentralamt für Statistik. Die Zahlen sind grob gerundet.

Flüchtlinge vor dem Naziregime

Europäische jüdische Einwanderer beschrieben das jüdische Jerusalem der 1940er Jahre oft als Flüchtlingslager. Die Auswanderung war für sehr viele Juden keine Frage der bewussten Entscheidung oder der freien Wahl. Sie wollten Europa nicht verlassen, sondern wurden von dort vertrieben. Palästina versprach ihnen als einziges Land eine Zukunft.

Aufgabe

➲ Inwiefern hatte Deutschland indirekt einen wichtigen Einfluss auf die israelische Staatsgründung 1948? Warum stellten sich damals viele westliche Länder hinter die Bemühungen der Juden? (Lies nach auf S. 16 im Lesebuch „Israel und Palästina".)

Aschkenasim und Sefardim/Misrachim

Der Zionismus ist eine Bewegung der europäischen Juden („Aschkenasim"). Juden aus arabischen Ländern („Sefardim" bzw. „Misrachim") mussten oftmals sogar gezwungen werden, ihre Heimat zu verlassen und nach Israel einzuwandern. Dabei wurde auf sie von der israelischen Regierung und der Regierung ihrer Heimatländer gleichermaßen Druck ausgeübt. Obwohl die Aschkenasim, d.h. europäische Juden und ihre Nachkommen, heute eine Minderheit bilden – weniger als ein Drittel der Gesamtbevölkerung Israels – bestimmen sie nach wie vor die Politik des Landes. Fast alle wichtigen Ämter und Positionen in Israel sind von Aschkenasim besetzt.

> Jedes Jahr sprechen Juden auf der ganzen Welt zum Pessach-Fest einen Wunsch aus: **„Nächstes Jahr in Jerusalem."** Dieser Satz drückt die religiöse Hoffnung auf die Ankunft des Messias und damit die Erlösung von allen Leiden in dieser Welt aus – es ist kein Aufruf, ins nächste Reisebüro zu laufen.

Projektvorschlag

➲ Wie kommen Zionisten auf die Idee, ihr Recht auf das Land Israel mit der Bibel zu begründen? Recherchiert im Alten Testament: Genesis, Kapitel 12–13!

➲ Haben sich die Israelis 1948 bei ihrer Staatsgründung Gedanken über die Zukunft der Palästinenser im Land gemacht? Lest nach, was in der Unabhängigkeitserklärung Israels zum Thema Araber steht. Den Text findet ihr unter www.hagalil.com/israel/independence

➲ Welche Bedeutung spielt die Religion für den Staat Israel? (Lest in der Unabhängigkeitserklärung nach!) Informiert euch über den Zusammenhang von Religionen und Ländern allgemein: Welche Länder werden von welchen Weltreligionen (z.B. in ihrem Rechtssystem oder in ihrer Kultur und ihren Traditionen) maßgeblich bestimmt?

Tipp: Findet heraus, inwieweit z.B. Deutschland heute durch Religion geprägt ist. Untersucht dazu z.B. die Namen deutscher Parteien und forscht nach, auf welcher Grundlage sich das BGB (Bürgerliches Gesetzbuch) entwickelt hat!

Blick vom Mittelmeer auf Israels moderne Metropole (und eigentliche „Hauptstadt") Tel Aviv.

IN DEN SCHLAGZEILEN: Israel und Palästina – Arbeitsmaterialien

Zwei Welten treffen aufeinander

Rückblicke – Fakten – Hintergründe

Die Schriftstellerin Gabriele Tergit (Pseudonym für Elise Reifenberg, 1894–1982) wurde in Berlin geboren. 1933 emigrierte sie nach Palästina. Hier beschreibt sie ihre Eindrücke:

Palästina ist ganz klein. Es ist so groß wie Sardinien oder eine deutsche Provinz. [...]

Im endlosen Grün der Orangenzone liegen arabische und jüdische Dörfer, arabische Städtchen und einzelne Herrenhäuser. Die Häuser der alten arabischen Dörfer haben rote Dächer oder flache mit gewölbten Kuppeln, rundbogige Fenster, Terrassen und Außentreppen, sie sind bewachsen und umrankt. [...] Die arabischen Dörfer sind gewachsen, die jüdischen sind angelegt und noch nicht von Grün umgeben. Die arabischen Häuser sind geworden aus endloser, nie unterbrochener Tradition. Die jüdischen kommen bestenfalls aus dem Katalog oder dem Wettbewerb „Siedlungshäuschen zu 50 bis 200 £." [...(hier wird noch in der britischen Währung „Pfund Sterling" gerechnet)] Europa dringt in den Orient ein. [...]

Der arabische Bauer trägt das uralte lange Gewand des Ostens und ein Tuch auf dem Kopf. Er pflügt mit Pferd und Holzdorn. Im Dorf liegt auf allen Wegen das Getreide. Auf dem Dorfplatz drischt es der Ochse. [...]

Der jüdische Arbeiter trägt auf dem Felde im Winter die blaue Russenbluse über der Hose, Lederjacke und Schirmmütze, im Sommer Khakihose, den Oberkörper nackt, und runden Strohhut. Er bedient die großen Maschinen, den Traktor, die Dreschmaschine. [...]

Das arabische Palästina ist das biblische geblieben durch die Jahrtausende, das jüdische ist russisch. Die arabische Frau ist verhüllt. Auch die Fellachin [arabische Bäuerin], die das Gesicht frei hat, arbeitet im langen Kleid, sie trägt buntes, gesticktes Gewand, farbige Ketten, Reifen um die Arme, Münzen um den Kopf. Die jüdische Frau arbeitet auf dem Felde mit nackten Schenkeln, kurzen Hosen, blauer Arbeiterinnenbluse, mit slawischem Kopftuch, mit manchmal geschminktem Mund, und zwischen der schweren Arbeit raucht sie eine Zigarette. [...]

Dort ist noch alle Rohheit der Frau gegenüber. Der Araber reitet bequem auf dem Esel, lässt seine Frau, die sechzehn Stunden arbeitet, mit der schweren Last auf dem Kopf über die glühende Landstraße zu Fuß hinter sich hertraben. Hier gibt es zum ersten Mal in der Welt einen Achtstundentag für die Hausfrau in der jüdischen Gemeinschaftssiedlung. Dort auf dem Dach des Hauses tanzen im Mondschein zwei Frauen vor ihrem Mann, der die Wasserpfeife raucht, sie wehen mit den Tüchern, und es ist sehr seltsam. [...]

Dort bringt der Araber auf Kamel und Esel die Ernte fort. Hier fährt sie der Jude im Lastauto. Dort bringt die Fellachin, die Bäuerin selber, in einem Korb auf dem Kopf ihre Ware zur Stadt, um sie anzubieten. Hier gibt es die jüdische Verkaufsorganisation, die mit Lastautos die genormte Ware zur Stadt bringt, um sie in Spezialläden zu verkaufen.

Beim Fellachen laufen die Hühner im Hof hinter der Mauer. Im jüdischen Land sieht man die Wellblechhühnerställe, wissenschaftlich erprobt. Dort lebt der bunte Hahn, hier die weiße Legerasse. Dort kommt ein winziges Ei heraus, hier das landwirtschaftliche Musterprodukt. [...]

Dort ist Allah und hier ist Erfolg. Dort sind Dornen und hier ist Versuchsland. Dort ist Morgenland, hier nicht Europa, sondern eine Mischung aus Russland und Amerika.

— aus: Gabriele Tergit, Im Schnellzug nach Haifa, Fischer Verlag, 1998, S. 25–32.

Diese israelische Briefmarke (vergrößert) mit jiddischer Beschriftung zeigt russische Einwanderer bei der Trockenlegung der Sümpfe in der Jesreel-Ebene.

Aufgaben

- Wie beschreibt Gabriele Tergit die Unterschiede zwischen den schon lange im Land lebenden Arabern und den eingewanderten Juden? Übertrage die Beschreibungen aus dem Text in Stichworten in eine Tabelle.
- Lies den Text noch einmal sehr genau: Gibt Gabriele Tergit eine Wertung der Lebensweisen von Juden und Arabern? Diskutiert eure Meinung in der Gruppe! Welche der beiden Welten ist Gabriele Tergit fremder? (Bedenkt dabei, aus welcher Zeit der Text stammt!)
- Warum vergleicht Gabriele Tergit im letzten Satz des Textes die jüdische Einwanderung nach Palästina mit Russland und mit Amerika?

Die Staatsgründung im Rückblick

Seiten 10–13, 16/17, 23

Rückblicke – Fakten – Hintergründe

Ein ganz aktueller Traum

Auch heute haben viele Israelis noch einen besonderen Traum: Sie wünschen sich gerade von den europäischen Ländern, insbesondere von Deutschland, mehr Solidarität mit der israelischen Bevölkerung und mehr Verständnis und Mitgefühl für die Situation. Viele haben den Eindruck, die palästinensischen Selbstmordattentate stören den Rest der Welt nicht besonders – im Gegenteil.

> Lieber Theodor Herzl,
> ich danke Ihnen, dass Sie so viel gearbeitet haben, um einen jüdischen Staat zu errichten. Israel bedeutet mir sehr viel, weil ich weiß, dass ich dort immer willkommen bin. Das Negative ist, dass es sehr viele Kriege gibt seit der Gründung Israels. Ich war oft in Ihrer Stadt „Herzliyah", sie ist wunderschön und ich hoffe, dass Sie sich die so vorgestellt haben. Gäbe es kein Israel, würden vielleicht Juden noch immer verfolgt werden und es gäbe nicht so schöne Ferien. Nochmals vielen Dank, dass Sie sich so bemüht haben, den Staat Israel für das jüdische Volk zu errichten.
> Simon

Brief eines deutschen jüdischen Schülers der 7. Klasse an Theodor Herzl.
— aus: Haskala-Onlinezeitschrift, 2. Ausgabe vom 3. Juli 2004, http://schule.judentum.de/haskala/herzl/haskala-02.pdf

Amos Oz ist einer der bekanntesten israelischen Schriftsteller. Seine Eltern waren vor den Nazis aus Europa geflüchtet, er wurde in Jerusalem geboren. Nach dem Selbstmord seiner Mutter entschloss er sich mit 14 Jahren, im Kibbuz Chulda zu leben. In einem Interview analysiert er die jüdische Einwanderung und die Geschichte des Staates Israel in einem persönlichen Rückblick:

Ich blicke auf Israel, als wäre es ein junges Mädchen, denn ich bin älter als mein Land. Es ist noch nicht reif, aber es wird reifer. Ich weiß nicht, wie viel länger es noch braucht. In jedem Fall ist dieses Land jetzt nüchterner – im guten und im schlechten Sinn –, als es vor 20 Jahren war. Mehr und mehr Leute verstehen, was erwartet werden kann und was nicht und was der Preis dafür ist. [...]
Es liegt in der Natur eines jeden Traums, dass die Erfüllung hinter der Erwartung zurückbleibt. Israel ist ein wahr gewordener Traum und als solcher enttäuschend. Es konnte nie den Erwartungen gerecht werden, die die Gründungsväter und -mütter in es gesetzt hatten. [...] Ich habe kein Problem damit. Ich blicke nicht enttäuscht und schockiert auf die Träume zurück, sondern mit dem Lächeln eines erwachsenen Mannes, der weiß, dass die Welt keine Teenagererwartungen erfüllt. Weder die von Individuen noch von Nationen und Bewegungen.

— aus: Gisela Dachs, Interview mit Amos Oz: Ich blicke auf Israel wie auf ein Mädchen, das reifer wird, in: DIE ZEIT, Nr. 45/2004, S. 65.

Literaturtipp

⇨ Amos Oz, **Panther im Keller**, dtv, 2003.
Der Jugendroman spielt in den Jahren 1947/48, kurz vor der israelischen Staatsgründung.

Aufgaben

⇨ Welche Beziehung hat der deutsche Schüler, der diesen Brief geschrieben hat, zu Israel?
⇨ Warum schreibt er: „Ich weiß, dass ich in Israel immer willkommen bin." – Glaubst du, er fühlt sich in Deutschland nicht willkommen? Warum?

Aufgaben

⇨ Wie kommt Amos Oz darauf, das Land Israel mit einem Mädchen zu vergleichen? Suche Beispiele (im Text und eigene), auf die dieser Vergleich passt.
⇨ Was meint Amos Oz damit, dass das Land nüchterner geworden sei? (Denke z.B. an die Träume und Utopien von Theodor Herzl und seinen Zeitgenossen!)
⇨ Nach dem Holocaust haben viele Juden geschworen, nie wieder Opfer zu werden und sich „wie Lämmer zur Schlachtbank" führen zu lassen. Welche Auswirkungen kann dieser Vorsatz auf ihr Verhalten haben? Ist es gefährlich, Schwäche zu zeigen?

Der Kibbuz und die Idee dahinter

Rückblicke – Fakten – Hintergründe

Idee, Gründung und Organisation

Ein Kibbuz ist eine besondere Lebensgemeinschaft in einem kleinen Dorf mit Landwirtschaft. Die ersten Kibbuzim wurden von osteuropäischen jüdischen Einwanderern gegründet. Dazu wurden Sumpflandschaften trockengelegt und Wüstengebiete bewässert. Einige Kibbuzim entstanden aber auch in alten Siedlungen, deren arabische Bewohner von den jüdischen Einwanderern vertrieben worden waren.
Alle Mitglieder eines Kibbuz organisieren Arbeit, Leben und Kindererziehung gemeinsam. Es gibt einen gemeinschaftlichen Esssaal und eine Wäscherei. Jedes Paar hat ein eigenes kleines Appartement. Die Kinder werden schon als Babys ins Kinderhaus gegeben, wo sie auch Unterricht erhalten. Sie bleiben in ihrer Lerngruppe zusammen, bis sie mit der Schule fertig sind und zum Militär gehen. Jugendliche bekommen eigene Zimmer in einem bestimmten Teil des Kibbuz – die Jüngeren müssen ihre Zimmer meist miteinander teilen, die Älteren bekommen ihr eigenes. In Mitgliederversammlungen werden alle wichtigen Entscheidungen gemeinsam getroffen. Wer in einem Kibbuz aufgenommen werden will, braucht dazu die mehrheitliche Zustimmung der Mitglieder. Mit der Aufnahme geht sein gesamter Besitz (d.h. auch alle Ersparnisse) an die Kibbuzgemeinschaft über. Gewisse persönliche Dinge, wie z.B. Fotos etc., darf jeder behalten. Wer den Kibbuz verlassen möchte, bekommt eine Starthilfe ausgezahlt, um sich z.B. eine eigene Wohnung zu finanzieren, bis er in einem neuen Job genügend verdient. Ruhestand gibt es in dem Sinne im Kibbuz nicht, jeder arbeitet so viel und so lange es ihm seine Gesundheit gestattet und wird ansonsten von der Gemeinschaft versorgt.

Aufgaben

- **Welchen Traum hatten die Gründer der Kibuzzim? Bedenke dabei, woher die meisten von ihnen kamen und wie ihr Leben dort aussah. (Lies dazu auch S. 10/11 im Lesebuch „Israel und Palästina".) Überlege dir auch, was die strikten Regeln für das Kibbuzleben bezwecken sollen.**
- **Würdest du gerne in einem Kibbuz leben? Was würde dir gefallen, was nicht?**

Die aktuelle Situation

Heute sieht vieles längst nicht mehr so aus, wie ursprünglich einmal geplant. Viele Kibbuzim sind verschuldet. Mit dem Verkauf von landwirtschaftlichen Produkten allein kann sich kaum ein Kibbuz finanzieren. Einige haben Fabriken auf ihrem Gelände errichtet und beschäftigen dort auch billige Arbeitskräfte von außerhalb (u.a. auch israelische Araber oder russische Neueinwanderer). Junge Kibbuzniks (Kibbuzmitglieder) werden in der Stadt oft als zurückgeblieben oder weltfremd verspottet. Sie kehren nach dem Militärdienst oft nicht in den Kibbuz zurück. So fehlt eine junge Generation, die den Kibbuz am Leben erhält.
Viele Mitglieder arbeiten heute in Jobs außerhalb des Kibbuz und dürfen ihr Privateigentum und auch ihr Gehalt behalten. Die Kinder wohnen mit ihrer Familie zusammen, man kocht in der eigenen Küche und geht nur zu besonderen Gelegenheiten in den gemeinschaftlichen Speisesaal. Viele ursprüngliche Kibbuzim sind heute nichts anderes als Wohnsiedlungen.

Freiwilligenarbeit im Kibbuz

Fast alle Kibbuzim haben besondere Angebote für „Freiwillige", d.h. für junge Leute aus dem Ausland, z.B. für dich. Der Kibbuz bietet Unterkunft, Essen und ein kleines Taschengeld für alle, die dort kostenlos mehrere Wochen arbeiten wollen. Manche Kibbuzim bieten zusätzlich Hebräisch-Sprachkurse oder ein kulturelles Programm an.

Karrieretipps

- ⇨ *Mehr zur Freiwilligenarbeit im Kibbuz findest du unter www.kba.org.il/volunteers/vomain.htm (engl.) oder www.klartexxt.de/israel/kibbutz.htm*
- ⇨ *Als Freiwilliger kannst du auch in Israels einzigem christlichen Kibbuz arbeiten: Nes Ammim www.nesammim.com (engl.), oder im arabisch-jüdischen Dorf (kein Kibbuz!) Newe Schalom – Wahat al-Salam http://nswas.com (engl.).*

Kibbuz im Norden Israels

Gemeinsame Sprachen:
Sprich Hebräisch! – I

Rückblicke – Fakten – Hintergründe

(Biblisches) Hebräisch

Hebräisch ist die Originalsprache der Bibel. Religiöse Juden auf der ganzen Welt haben schon immer Hebräisch gelesen und auch gesprochen – aber ausschließlich in religiösem Zusammenhang, d.h. sie sprachen zum Beispiel hebräische Gebete in der Synagoge. Ihre Alltagssprache war die Sprache ihres Landes oder eine eigene jüdische Sprache wie z.B. Jiddisch. Dass man in Hebräisch auf dem Markt einkaufen und den neuesten Klatsch über die Nachbarn austauschen könne, war noch im 19. Jahrhundert für die meisten Juden unvorstellbar.

Jiddisch

Jiddisch wurde zu Beginn des 19. Jahrhunderts vor allem von den Juden Osteuropas (aus Polen, Russland usw.) gesprochen. Es hat sich ursprünglich aus der deutschen Sprache entwickelt und weist viele Einflüsse und Wörter aus den slawischen Sprachen und aus dem Hebräischen auf. Wer deutsch spricht, wird sehr viele jiddische Wörter verstehen – nur das Lesen ist nicht so einfach, denn Jiddisch wird in hebräischen Buchstaben und wie Hebräisch von rechts nach links geschrieben.

Jiddisch ist bis heute die Alltagssprache der sehr frommen, ultraorthodoxen Juden in Israel. Im orthodoxen Stadtviertel Mea Schearim in Jerusalem hört man auch heute noch fast ausschließlich Jiddisch auf der Straße.

Zu Beginn der jüdischen Einwanderung nach Palästina war Jiddisch die mit am häufigsten auf der Straße gesprochene Sprache. Viele arabische Händler stellten sich bereits damals auf ihre jüdische Kundschaft ein: In den 1920er Jahren war es keine Seltenheit, jiddisch sprechenden arabischen Kaufleuten zu begegnen. Jiddische Ausdrücke begegnen einem in Israel auch heute noch häufig:

@ — Die Israelis benutzen für dieses Zeichen den jiddischen Begriff **„Strudel"** (weil es wie ein aufgerollter Apfelstrudel aussieht).

Ivrit
(„Ivrit" ist das hebräische Wort für „Hebräisch")

Mit dem Plan, ein Land für Juden aus aller Herren Länder zu schaffen, stellte sich zugleich auch die Frage nach einer Sprache, in der sich alle diese Menschen dort verständigen können. In die engere Auswahl kamen zunächst Deutsch, Jiddisch und Hebräisch: Deutsch galt zu Beginn des 20. Jahrhunderts als die Kultursprache, Jiddisch war als Umgangssprache von den meisten nicht sehr geschätzt, aber zumindest verstanden es die meisten Einwanderer, und Hebräisch war ganz eindeutig die traditionelle Sprache der Juden, aber als gesprochene Alltagssprache noch ziemlich ungewohnt und künstlich. Mit der Staatsgründung 1948 wurde schließlich ein modernes Hebräisch (Ivrit) als Nationalsprache festgelegt.

Aufgabe

⊃ Zu Beginn des 20. Jahrhunderts sprachen sich noch viele nach Palästina eingewanderte Juden dafür aus, Deutsch zur gemeinsamen jüdischen Landessprache zu machen, so wie u.a. Theodor Herzl es vorgeschlagen hatte. Warum wurde deiner Meinung nach dieser Vorschlag später von sehr vielen strikt abgelehnt? Finde mehrere mögliche Antworten!

Deutsche Einflüsse im Hebräischen

In der modernen hebräischen Sprache finden sich auch eine ganze Reihe deutscher Begriffe. Z.B. essen die Israelis gerne „Schnitzel" (es wird allerdings in der Regel aus Geflügelfleisch zubereitet, da nur wenige Israelis Schweinefleisch essen). Aber auch „Waffel" (im Plural „Waffelim") kennt man in Israel gut. Israelische Handwerker benutzen selbstverständlich den „Spachtel". Die Scheibenwischer am Auto heißen „Wischerim".

Aufgabe

⊃ Überlege, warum gerade diese Begriffe mit den deutschen Juden nach Israel eingewandert sind. Achte dabei darauf, aus welchen „Lebensbereichen" die Begriffe stammen.

Ein Blick auf den Flohmarkt in Jaffa bei Tel Aviv. Die arabischen Schrott- und Lumpenhändler rufen bis heute in jiddischer Sprache „alte Sachen", wenn sie mit ihrem Karren durch die Straßen ziehen, um den Sperrmüll der Leute einzusammeln.

Gemeinsame Sprachen:
Sprich Hebräisch! – II

Rückblicke – Fakten – Hintergründe

Elieser Ben Jehuda (1858–1922) – der Erfinder des modernen Hebräisch

Nach dem Vorbild von Grimms Wörterbuch der deutschen Sprache erarbeitete der Sprachforscher Elieser Ben Jehuda ein großes Werk zur Wiederbelebung der hebräischen Sprache. Von vielen wurde er anfangs für verrückt gehalten. Ben Yehuda arbeitete daran, das biblische Hebräisch für das 20. Jahrhundert alltagstauglich zu machen: Dazu musste er viele moderne Wörter (z.B. Stromkabel oder Fahrrad) neu erfinden – stets nach den Regeln der hebräischen Grammatik aufgebaut. Ben Jehudas Sohn war der erste Mensch, der nach Jahrtausenden seine ersten Babylaute in einem lebendigen modernen Hebräisch sprach.

Heute ist die Akademie für die hebräische Sprache für die Bildung neuer Worte zuständig.

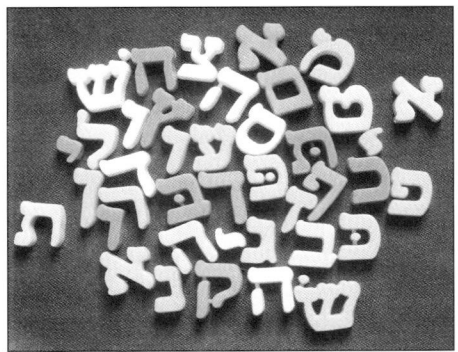

Für viele jüdische Einwanderer bedeutet nicht nur das Land, sondern auch die Sprache einen kompletten Neuanfang. Das Foto zeigt hebräische Magnet-Buchstaben.

„Sprich Hebräisch!"

Fast alle der nach Palästina eingewanderten Juden mussten modernes Hebräisch erst noch lernen. Besonders wurde darauf Wert gelegt, dass Kinder und junge Leute von Anfang an Hebräisch reden sollten. Die Ermahnung „Sprich Hebräisch!" wurde in den Anfängen des israelischen Staates fast zu einer Begrüßung. In der Familie sprachen viele aber weiter ihre eigentliche Muttersprache – das ist bis heute so.

Auch heute lernen alle Neueinwanderer Hebräisch in staatlich geförderten Sprachschulen. In den letzten Jahrzehnten besuchten vor allem russische Einwanderer diese Schulen. Aber auch zahlreiche Palästinenser aus den besetzten Gebieten nutzten diese (für alle Interessierten sehr preiswerten) Sprachkurse, um ihre Aussichten auf qualifizierte Jobs in Israel zu verbessern.

Für Neueinwanderer gibt es in Israel extra eine Zeitung mit Vokalzeichen und Vokabelhilfen, in der die wichtigsten Ereignisse in ganz einfachem Hebräisch zusammengefasst sind.

Aufgaben

- Warum wird deiner Meinung nach in Israel so viel Wert darauf gelegt, dass jeder Einwanderer Hebräisch lernt?
- Israel steckt eine Menge Geld in die Sprachschulen und Angebote für Neueinwanderer. Die ausgebildeten Sprachlehrer vermitteln nicht allein Sprache, sondern auch Kultur, jüdische Religion und Landeskunde. Wie sieht es in Deutschland mit solchen Angeboten für Einwanderer aus?

Projektvorschlag

Wenn ihr die Möglichkeit habt, euch audio-files aus dem Internet anzuhören, könnt ihr euch anhören, wie Hebräisch und Jiddisch klingt.

- Auf der Seite www.hagalil.com/israel/independence/declaration.htm könnt ihr hören, wie David Ben Gurion 1948 Israels Unabhängigkeitserklärung vorliest.
- Im Internet findet ihr auch verschiedene Versionen der israelischen Nationalhymne *„Hatikva"* (mit vocals!).
- Viele Infos zu Jiddisch mit verschiedenen Tondokumenten findet ihr z.B. unter www.hagalil.com/jidish/index.htm
- Hört euch auch das hebräisch-arabische Friedenslied *„Hevenu Schalom alenu – Ma Ana A'jmal Min Asalam"* an unter www.nahost-politik.de/peace-sounds/shalom-alenu.htm

Ivrit-Unterricht im Ulpan (Sprachschule). Auch Erwachsene müssen ganz von vorn anfangen – mit den Buchstaben des „Alefbet".

Gemeinsame Sprachen:
Sprichst du Arabisch? – I

Rückblicke – Fakten – Hintergründe

Gesprochenes Arabisch

Jedes arabische Land hat einen eigenen neu-arabischen Dialekt. Der palästinensische Dialekt ist dem libanesischen, syrischen und jordanischen sehr ähnlich. Aber nicht alle Araber aus den verschiedenen arabischen Ländern können sich unbedingt gegenseitig verstehen, wenn jeder seinen eigenen Dialekt spricht. Durch den Islam bzw. den Koran haben aber Araber der verschiedensten Länder eine Möglichkeit, sich miteinander zu verständigen: Die gemeinsame Sprache heißt Hocharabisch. Gesprochenes Arabisch wird in der Regel nicht geschrieben – eine Ausnahme sind z.B. Internetforen.

Hocharabisch

Hocharabisch ist das klassische Arabisch, in dem auch der Koran geschrieben ist. Es ist bis heute die gemeinsame Schriftsprache aller arabischen Länder, d.h. fast alle arabischen Bücher und Zeitungen sind in Hocharabisch verfasst. Hocharabisch wird in der Regel nicht gesprochen, außer in Gottesdiensten, in Rundfunknachrichten und wenn es keine andere Möglichkeit der gegenseitigen Verständigung gibt. Eine Besonderheit ist z.B. der arabische Fernsehsender Al-Dschasira: Um ein größtmögliches arabisches Publikum zu erreichen, wird hier eine moderne Form des Hocharabischen gesprochen.

Stimme des palästinensischen Volkes

Mahmoud Darwisch gilt als der bedeutendste moderne palästinensische Schriftsteller. Häufig wird er auch als poetische Stimme des palästinensischen Volkes bezeichnet. Darwisch wurde 1942 in Palästina geboren, 1948 vertrieben, kehrte 1952 zurück, verließ Israel 1970 und lebte viele Jahre im Exil, u.a. im Libanon, in Syrien und Ägypten. Seit 1996 lebt und arbeitet er in Ramallah im Westjordanland. In einem Gespräch fragte ihn die jüdische israelische Schriftstellerin Helit Yeshurun:

- ***Können Sie sich vorstellen, eines Tages in einem arabischen Dialekt zu schreiben?***
- *Nein. Und wissen Sie, warum? Weil ich die arabischen Dialekte nicht gut kenne. Ich spreche eine gemischte Sprache. Meine Sprache ist nicht rein. Um eine Sprache rein zu sprechen, muss man an einem bestimmten Ort leben. Meine gesprochene Sprache ist eine Mischung aus Palästinensisch, Ägyptisch und Libanesisch.*

— aus: Mahmoud Darwisch, Palästina als Metapher. Aus dem Französischen von Michael Schiffmann, Palmyra Verlag, 1998, S. 160.

Projektvorschlag

➲ **Für diese Aufgabe braucht ihr Zugang zu Satellitenfernsehen: Macht eine Liste aller arabischen Fernsehsender mit Herkunftsland. Notiert, was euch an den jeweiligen Programmen besonders auffällt. – Vielleicht habt ihr Mitschüler, die euch eine Bewertung geben können? Interviewt sie oder ihre Eltern: Was läuft wo, welche Sender gucken sie häufig und warum?**

oben: *Arabische Männer auf einer Straße in Kairo. Der Kairoer Dialekt des Arabischen wird allgemein in der gesamten arabischen Welt verstanden, was vermutlich auch daran liegt, dass die meisten arabischen Filme in Ägypten produziert werden.*

rechts: *Arabischer Straßen-Buchhändler. Fast alle arabischen Bücher sind in Hocharabisch geschrieben, einer Sprache, die normalerweise nicht gesprochen wird.*

Linktipp

⇨ *Verschiedene arabische Dialekte könnt ihr euch anhören unter* www.semarch.uni-hd.de/index.php4 *(Projekt der Universität Heidelberg).*

Gemeinsame Sprachen:
Sprichst du Arabisch? – II

Rückblicke – Fakten – Hintergründe

Muttersprache

Die jüdische israelische Professorin für Film-, Kultur- und Frauenstudien Ella Shohat wanderte in den 1960er Jahren als Kind mit ihren Eltern nach Israel ein. Ihre Familie stammt aus Bagdad. Ella Shohats Muttersprache ist (irakisches) Arabisch.

Zu Hause wurden wir Kinder, meine Geschwister und ich, zur Sprachpolizei [...]. Wir kamen nach Hause und verkündeten, was man von uns erwartete: „Schluss mit Arabisch!" [...] Ich lernte bald, so zu tun, als könne ich nicht arabisch sprechen, und ich lernte, ein unnatürliches europäisiertes Hebräisch zu sprechen. [...] Meine Familie ließ sich nur widerstrebend zur sprachlichen Assimilation verleiten. Arabisch war die Sprache, in der rings um mich alle Emotionen ausgedrückt wurden; es war die Sprache der Musik, die ich hörte, der Lieder, zu denen wir tanzten, der Gebete, die wir in der Synagoge der babylonischen Juden rezitierten; [...] die Sprache, in der wir uns lustige arabische Filme im Fernsehen anschauten, [...] es war die Sprache, die meine Mutter mit dem Palästinenser Aamer sprach, der mit einer Stofftasche voll Orangen in unsere Stadt kam, um sie zu verkaufen, [...] – die beiden, froh, einmal aus dem gewohnten Gang der Dinge auszubrechen, erzählten einander von ihrem Leben: Meine Mutter, die in ihrem virtuos die Formen wechselnden arabischen Dialekt die Reise in seinen palästinensischen Dialekt antrat, fand in ihm einen vollendeten Zuhörer für ihre Sehnsucht nach Bagdad, und er in ihr eine vollendete Zuhörerin für seine Erinnerungen an eine Zeit, bevor sein Dorf von Israel zerstört wurde.

— aus: Ella Shohat, Sprache im Spiel: Erinnerungsfragmente einer arabischen Jüdin, aus dem Englischen von Friedrich Griese, in: Rafik Schami (Hg.), Angst im eigenen Land, Nagel und Kimche, 2001, S. 85–90.

Aufgaben

- Was wäre deiner Meinung nach der „gewohnte Gang der Dinge", bezogen auf den Palästinenser Aamer und Ella Shohats Mutter, die Israelin?
- Warum können Aamer und Ella Shohats Mutter miteinander reden? Warum hören sie sich gegenseitig gerne zu?
- Welche Rolle spielen Gespräche wie das zwischen dem Orangenverkäufer Aamer und der aus dem Irak geflohenen israelischen Einwanderin im Nahostkonflikt? Begründe deine Antwort ausführlich. Diskutiert anschließend in der Gruppe.

Filmtipp

- **Forget Baghdad**, Regie: Samir, CH/D 2002

In seinem Roman „Der Peptimist" beschreibt der arabisch-israelische Schriftsteller Emil Habibi folgende Begegnung auf einem Felsen am Strand:

Da stand einmal plötzlich ein jüdisches Kind neben mir [...] und überraschte mich mit der Frage, in welcher Sprache ich eigentlich spräche.
„Auf Arabisch."
„Mit wem denn?"
„Mit den Fischen."
„Die Fische – verstehen die nur Arabisch?"
„Die großen Fische ja, die ganz alten, die schon hier waren, als die Araber noch hier waren."
„Und die kleinen Fische, verstehen die Hebräisch?"
„Die verstehen Hebräisch und Arabisch und alle anderen Sprachen. Die Meere sind weit und miteinander verbunden. Sie haben keine Grenzen und haben Platz für alle Fische."

— aus: Emil Habibi, Der Peptimist oder von den seltsamen Vorfällen um das Verschwinden Saids des Glücklosen, Roman aus Palästina, aus dem Arabischen von Ibrahim Abu Hashhash u.a., Lenos Verlag, 1992, S. 172.

Aufgaben

- Was möchte der Erzähler dem jüdischen Kind in dieser Geschichte sagen? Warum?
- Aus diesem Textausschnitt ist ein persönlicher Traum des Autors Emil Habibi herauszuhören. Was glaubst du, ist sein Traum?

Die Kalligrafie (Schönschreibkunst) ist eine alte arabische Kunst und ziert zahlreiche Moscheen.

Der palästinensische Traum und die Träumer

Seiten 16–19, 28/29, 36/37, 40/41

Rückblicke – Fakten – Hintergründe

Palästinenserpräsident Jassir Arafat

Jassir Arafat war von 1969 bis zu seinem Tod 2004 Vorsitzender der Palästinensischen Befreiungsorganisation PLO und der erste Präsident der mit seiner Hilfe geschaffenen palästinensischen Autonomiebehörde. Die Palästinenser sahen ihn als Vaterfigur. Er hatte ihr Schicksal von Anfang an begleitet und sein Leben dem Kampf für einen eigenen Palästinenser-Staat gewidmet. Für das Ausland verkörperte Arafat gewissermaßen „Palästina in Person". Als Verhandlungspartner war er umstritten, da er als Machthaber über terroristische palästinensische Gruppen Verantwortung für den Tod zahlreicher Israelis trug.

Jassir Arafat (1929–2004), Terrorist und Friedensnobelpreisträger. Sein Markenzeichen war die Kafyia (das Palästinensertuch).

Intifada

Als Intifada werden die palästinensischen Aufstände gegen die israelische Besatzungsmacht bezeichnet. Die erste Intifada begann 1987 und endete 1993 mit der Einigung auf eine palästinensische Teilautonomie (d.h. das Recht, Teile der palästinensischen Gebiete unter israelischer Aufsicht selbst zu verwalten).

Der palästinensische Journalist Akram Musallam erinnert sich an seine Jugend während der ersten Intifada:

Es beginnt der Aufstand der Palästinenser, die Intifada des Jahres 1987. In einem Dorf, in dem um elf Uhr nachts der Strom abgeschaltet wird, stört weit nach Mitternacht eine schrill quietschende Eisentür die nächtliche Ruhe. Ein halber Junge, der sich wie ein ganzer Mann fühlt, verlässt im Dunkeln das Haus.
Die Eltern geben vor zu schlafen. Nicht weil sie den Jungen zu Dingen ermutigen wollen, die ihn womöglich ins Gefängnis oder in den Tod führen.
Aber sie teilen seine Beweggründe und träumen denselben Traum.
– aus: Akram Musallam, Der Übervater [Arafat], in: DIE ZEIT Nr. 47/2004, S. 3.

Der palästinensische Schriftsteller Mahmoud Darwisch analysiert die Situation zwischen „dem Feind" (damit meint er die Mehrheit der Israelis) und sich selbst (und spricht damit für die Mehrheit der Palästinenser).

Er [der Feind, d.h. die Israelis] und ich [und damit die Palästinenser], wir könnten sagen, dass unserer beider Träume in ein und demselben Bett schlafen. Ich könnte das tatsächlich sagen und auch denken, aber er möchte die Konturen meines Traumes zeichnen, ohne mir zu gestatten, das Gebiet des Traumes mit ihm zu teilen.
– aus: M. Darwisch, Palästina als Metapher. Gespräche über Literatur und Politik, Palmyra Verlag, 1998, S. 46.

Aufgabe
⮕ Überlege dir, was Mahmoud Darwisch in seiner bildhaften Beschreibung als „Bett" bzw. als „Gebiet des Traums" bezeichnet. Finde einen anderen Begriff für „Konturen" und erkläre, was hier damit gemeint sein könnte.

Aufgaben
⮕ Was bedeutet der arabische Begriff „Intifada"? Lies nach im Lesebuch 📖 "Israel und Palästina", S. 36.
⮕ Kannst du dir vorstellen, warum die im Text beschriebenen palästinensischen Eltern nichts gegen möglicherweise kriminelle Handlungen ihres Sohnes unternommen haben? Mit welchen Argumenten hätten sie ihn aufhalten können? Sammle entsprechende Argumente.
⮕ Was muss sich an der Situation der Palästinenser ändern, damit Eltern sich nicht mehr wie hier beschrieben „schlafend stellen"? Sammle Vorschläge.
⮕ Im Lesebuch 📖 „Israel und Palästina" sind in der Übersicht auf S. 29 terroristische Anschläge der PLO aufgelistet. Bildet Gruppen und recherchiert die Hintergründe dieser Anschläge.

Filmtipps
⇨ **Göttliche Intervention**, Regie: Elia Suleiman, PS/F 2002
⇨ **München**, Regie: Steven Spielberg, USA 2005

Der Weg zu einem unabhängigen „Palästina" – I

Seiten 9, 16–19, 24/25, 28/29, 36/37, 40/41 — Rückblicke – Fakten – Hintergründe

Der Kampf für die palästinensische Sache

Mit der Gründung des Staates Israel 1948 und dem daraufhin von den arabischen Nachbarländern eröffneten Krieg waren zwischen 750.000 und 800.000 Palästinenser aus den nun von Juden verwalteten Gebieten geflohen. Als Israel im arabisch-israelischen Sechs-Tage-Krieg 1967 die den Palästinensern verbliebenen Gebiete (Gaza-Streifen und Westjordanland) besetzte, flohen nochmals etwa 350.000 Palästinenser in arabische Nachbarländer. Die Palästinensische Befreiungsorganisation PLO begann nun ihren radikalen Terror-Kampf für „die palästinensische Sache", d.h. für einen eigenen unabhängigen Staat.

1987 kam es zum Volksaufstand, der ersten Intifada. Die palästinensische Bevölkerung kämpfte mit aller Kraft gegen die israelischen Besatzer. Palästinensische Jugendliche zettelten Straßenschlachten an und bewarfen israelische Soldaten mit Steinen. Viele Palästinenser und Israelis starben in diesen Auseinandersetzungen.

> „Der eigene Staat liegt nur einen Steinwurf entfernt."
>
> Parole der Intifada-Kämpfer

Verhandlungen mit Israel

Erst 1991 begannen ernstzunehmende Friedensverhandlungen, die sowohl für Palästinenser als auch für Israelis erste Erfolge brachten: Israel erlaubte den Palästinensern 1993, eine Autonomiebehörde einzurichten, um begrenzte Teile ihres Landes selbst zu verwalten. Die Palästinenser strichen 1997 die Passagen aus der PLO-Nationalcharta (Vorläufer der Verfassung des Staates Palästina), in denen die Zerstörung Israels als Ziel genannt war.

Im Jahr 2000, als der israelische Ministerpräsident und Palästinenserpräsident Jassir Arafat sich trotz der Vermittlungsversuche des amerikanischen Präsidenten auf keine endgültige Lösung des israelisch-palästinensischen Konflikts einigen konnten, wurde der Friedensprozess abgebrochen. Eine zweite Intifada, die so genannte Al-Aksa-Intifada begann. Wieder forderten die gewaltsamen Ausschreitungen viele Opfer auf beiden Seiten. Die zweite Intifada wurde Anfang 2005 mit einem Waffenstillstandsabkommen zwischen Israel und Palästinensern beendet.

1992 schrieb der saudi-arabische Dichter Ghassan al-Immam ein Gedicht über den ersten Palästinenserpräsidenten Jassir Arafat:

Dieser alte Mann ist ein Sportler ohne Spielfeld,
doch spielt er mit allen Bällen und auf allen Plätzen.
Das Problem besteht darin,
dass er beim Fußball mit der Hand spielt,
beim Basketball mit den Füßen
und beim Handball mit dem Kopf.
Ertappt ihn der Schiedsrichter, verlangt er,
dass ein anderer bestraft werde.
Niemals wird er des Feldes verwiesen,
denn es gibt für ihn keinen Ersatzspieler.
Kein anderer foult wie er.
Und verliert er das Spiel,
gewinnt er doch den Beifall der Massen.

— aus: Ghassan al-Immam, zit. in: Danny Rubinstein, Palästina in Person, DIE ZEIT Nr. 47/2004, S. 3.

Aufgaben

- Was denkst du über die Parole der palästinensischen Intifada-Kämpfer? Hältst du den Spruch für clever?
- Recherchiere, warum die zweite Intifada auch als Al-Aksa-Intifada bezeichnet wurde. Nimm das Lesebuch „Israel und Palästina", S. 40, zuhilfe.
- Interpretiere das Gedicht über Jassir Arafat mithilfe des Lesebuchs „Israel und Palästina", S. 28/29 und 38/39. Erkläre auch, inwiefern das Gedicht den gesamten Kampf der Palästinenser widerspiegelt.

Die Al-Aksa-Moschee. Sie steht auf dem Tempelberg in der Jerusalemer Altstadt, dort wo der Bibel zufolge vor 3000 Jahren die Juden unter König Salomo ihren ersten Tempel bauten.

Der Weg zu einem unabhängigen „Palästina" – II

Seiten 9, 16–19, 24/25, 28/29, 36/37, 40/41 — Rückblicke – Fakten – Hintergründe

Die schwierigsten Fragen

Den Mittelpunkt der Verhandlungen zwischen Israel und den Palästinensern bildeten drei wesentliche Streitfragen:
- Wo genau sollen die Grenzen eines palästinensischen Staates verlaufen?
- Wird Jerusalem (arab. Al-Quds) geteilt und Westjerusalem zur Hauptstadt Israels und Ostjerusalem zur Hauptstadt Palästinas? (Verbunden mit der Überlegung: Wenn ja, wo genau verlaufen die Grenzen innerhalb der Stadt?)
- Was geschieht mit den (weltweit inzwischen auf eine Zahl von insgesamt vier Millionen angewachsenen) palästinensischen Flüchtlingen? Dürfen sie alle nach Israel und/oder Palästina zurückkehren?

Wo sind die Grenzen?

Die jüdische israelische Journalistin Amira Hass lebt unter Palästinensern in Ramallah. 2003 sagte sie, als „Insiderin", über die Situation in den palästinensischen Gebieten:
[...] *wenn die Menschen [...] nicht in die Mikrofone ausländischer Sender oder zu israelischen Journalisten sprechen, sondern sich miteinander über ihre künftige Unabhängigkeit verständigen – ergibt sich das eindeutige Bild, dass diese Grenze [die grüne Linie von 1967] für die Palästinenser längst ein selbstverständliches Faktum ist. Eine Mehrheit von ihnen* [...] [geht] *davon aus, dass die Respektierung dieser Grenze [...] eine vernünftige nachbarschaftliche Beziehung ermöglicht, die Ausgangsbasis für eine positivere Entwicklung in der Zukunft sein kann.*

– aus: Amira Hass, Israel und Palästina: Die Utopie einer normalen Zukunft. Ein Geschenk und seine Tücken, S. 41, in: Irit Neidhardt (Hg.), Mit dem Konflikt leben!?, Unrast Verlag, 2003, S. 41-44.

Aufgaben

- Wo verlief die „grüne Linie" vor dem Sechs-Tage-Krieg 1967? Suche eine entsprechende Karte (Lesebuch „Israel und Palästina", S. 41).
- Viele Israelis befürchten, dass die Palästinenser niemals wirklich Frieden schließen und Israel als „Nachbarn" akzeptieren werden. Woher kommen diese Befürchtungen? Sind Sie unbegründet?
- Warum unterscheiden sich die Aussagen und Forderungen der Palästinenser, je nachdem, ob sie miteinander, oder „in die Mikrofone" sprechen? Weißt du eine mögliche Erklärung? Schadet dieses Verhalten der Glaubwürdigkeit der Palästinenser?

Recht auf Rückkehr?

Die Palästinenser forderten, dass Israel vier Millionen Menschen das „Recht auf Rückkehr" gewährt (den auf der ganzen Welt verstreuten Flüchtlingen von 1948 und 1967, deren Kindern, Enkeln und Urenkeln). Die israelische Regierung konnte dieser Forderung allein schon aus Platzgründen nicht zustimmen. Außerdem muss der jüdische Staat Israel um seine Existenz fürchten, wenn es keine jüdische Bevölkerungsmehrheit mehr gibt.

	Israel	palästinensische Gebiete
Bevölkerungswachstum	2 %	3,57 %
„Fruchtbarkeitsrate"	2,8 Geburten pro Frau	5,7 Geburten pro Frau

Quelle: Länder-Dossier, Spiegel Special 2/2003, Allahs blutiges Land – Der Islam und der Nahe Osten, S. 40 und S. 42.

Aufgabe

- Warum spielt auch die Geburtenrate von Palästinensern und Israelis eine Rolle bei der Entscheidung über das Rückkehrrecht?

Die sowohl Israelis als auch Palästinensern heilige Stadt Jerusalem (arab. Al-Quds) wurde zur schwierigsten Streitfrage und führte im Jahr 2000 zum Abbruch der Friedensverhandlungen.

„Dieses Land gehört uns!"

Rückblicke – Fakten – Hintergründe

Wir Palästinenser kennen nur dieses Land

Der palästinensische Schriftsteller Mahmoud Darwisch ist eine der wichtigsten Stimmen Palästinas. Er spricht hier für sich selbst, aber auch für die Palästinenser:

Dieses Land gehört mir, zusammen mit seinen vielfältigen Kulturen: der kanaanitischen, hebräischen, griechischen, römischen, persischen, ägyptischen, arabischen, ottomanischen, englischen und französischen Kultur. Ich möchte all diese Kulturen leben. Ich habe das Recht, mich mit all diesen Stimmen, die über dieser Erde erklungen sind, zu identifizieren. Denn ich bin weder ein Eindringling noch ein zufällig Vorüberziehender. [...]

Für den Palästinenser ist dieses Land nicht „Eretz Israel". Es ist Palästina. [...] Wir befinden uns in einem Friedensprozess, jede Seite muss ihre Version der Geschichte verändern, aber seien Sie nicht erzürnt, wenn jeder Palästinenser davon überzeugt ist, dass Palästina ihm gehört. Im Augenblick findet er sich gerade damit ab, dass er einen Teilhaber hat. Das ist ein ungeheurer Fortschritt. Sie sollten das nicht für gering achten und nicht bei dem Gedanken erschrecken, dass der Palästinenser der Ansicht ist, Palästina gehöre ihm. Welches ist sein Land? Er ist in Palästina geboren. Er kennt kein anderes Land.

— aus: Mahmoud Darwisch, Palästina als Metapher. Palmyra Verlag, 1998, S. 41 und S. 182.

Aufgaben

- Mahmoud Darwisch kämpft für Anerkennung und Verständnis. Was sollen die Israelis und der Rest der Welt seiner Meinung nach anerkennen und verstehen?
- Welche Konsequenz lässt sich aus Mahmoud Darwischs Darstellung ziehen? Ist Frieden zwischen Palästinensern und Israelis grundsätzlich unmöglich?
- Was genau meint Darwisch, wenn er sagt, das Land „gehört" ihm?

Wir Israelis sind keine Fremden hier

Der jüdische israelische Schriftsteller Sami Michael wurde im Irak geboren und wuchs in Bagdad auf. Seine Muttersprache ist Arabisch, heute schreibt und spricht er wie alle Israelis Hebräisch. Er ist heute eine der wichtigen Stimmen Israels:

- *[...] Es gibt da ein anderes Volk, mit dem wir das Land teilen müssen, in einen israelischen und einen palästinensischen Staat. [...] Wir müssen ein für allemal klarstellen, dass wir keine Fremden sind, sondern dem Nahen Osten angehören. [...]*
- **Was heißt das?**
- *Die Sketche im Fernsehen, die Kleidung, die Lieder – all das, was die Jugend mag, ist von hier. Geprägt von europäischen Einflüssen, die nicht größer oder geringer sind als jene, die auf mich gewirkt haben, als ich ein Kind in Bagdad war. [...] Manche mögen das nicht gerne hören, aber die europäischen Wurzeln sind hier schon fast nicht mehr präsent. [...] Die Aschkenasim [europäische Juden] und Misrachim [orientalische Juden], die Religiösen und Säkularen, die Juden und Araber im Land haben, ohne es zu wissen, etwas Gemeinsames geschaffen, das ich „Israeliness" nenne. Es handelt sich um etwas Verrücktes, Irres, Dummes, aber alle mögen und leben es. Das macht Hoffnung, trotz der vielen Konflikte. [...]*
- **Gibt es für Sie eine Lösung?**
- *Vielleicht ist auch das ein Traum, aber ich zähle weiterhin auf den Umstand, dass die Palästinenser uns durch den schwierigen Konflikt sehr ähnlich geworden sind. So sehr, dass sie mittlerweile selbst als Außenseiter im Nahen Osten gelten. [...] Ich sage den Palästinensern: Wenn am Ende ein unabhängiger palästinensischer Staat entstehen wird, so wird sein natürlicher Verbündeter nur Israel sein können.*

— aus: Gisela Dachs, Außenseiter aus Überzeugung, ein Gespräch mit dem israelischen Schriftsteller Sami Michael, in: DIE ZEIT, Nr. 8/2002.

Die Hafenstadt Akko Anfang des 20. Jahrhunderts. Das alte Foto zeigt den römischen Aquädukt und die Al-Jazzar Moschee.

Aufgaben

- Inwiefern ist Sami Michaels „Klarstellung" eine Antwort auf Mahmoud Darwisch? Schreibe ein kurzes erfundenes Gespräch zwischen den beiden Schriftstellern zum Thema „Das Land gehört mir".
- Überlege, was Sami Michael mit „Israeliness" meinen könnte. Suche dazu (auch auf den vorhergehenden Seiten) nach Beispielen für Gemeinsamkeiten und Verbindungen zwischen Israelis und Palästinensern.

Juden aus aller Welt
Einblicke – Alltäglichkeiten – Normalitäten

Aufnahme von Flüchtlingen
In der 1948 verfassten Unabhängigkeitserklärung ist Israel als „jüdischer Staat" definiert, der „der jüdischen Einwanderung und der Sammlung der Juden im Exil offen stehen" soll. Die israelische Regierung war besonders in den Anfangsjahren daran interessiert, den jüdischen Bevölkerungsanteil zu verstärken. Sie bemühte sich um die Aufnahme von möglichst vielen jüdischen Flüchtlingen. 1950 wurde das israelische „Rückkehrgesetz" verabschiedet, das jedem Juden das Recht zusichert, nach Israel einzuwandern und die israelische Staatsbürgerschaft anzunehmen.
Um Versorgung und Eingliederung der Einwanderer kümmert sich bis heute die Jewish Agency, eine 1929 gegründete Organisation, die vor 1948 eine Art Regierungsfunktion in den jüdischen Gebieten Palästinas ausübte.

Sefardim bzw. Misrachim
Orientalische (arabische) Juden werden allgemein als „Sefardim" oder „Misrachim" bezeichnet. In den 1950er Jahren kam eine große Zahl Flüchtlinge aus arabischen Ländern: Etwa 72 % der marokkanischen und tunesischen Juden wanderten ein, 48 % der ägyptischen Juden und 8 % der algerischen Juden (die übrigen zogen es vor, z.B. nach Europa auszuwandern).
In der „Operation Zauberteppich" wurden 1949 mit Hilfe der Jewish Agency etwa 55.000 Juden aus dem Jemen nach Israel eingeflogen; in der „Aktion Ezra und Nehemia" 1950/51 wurden über 113.000 Juden aus dem Irak geholt. Die Aktionen „Moses" 1984/1985 und „Salomo" 1991 brachten ca. 30.000 äthiopische Juden nach Israel.

Am Beispiel ihrer Familie beschreibt die Schriftstellerin Ella Shohat den Identitätskonflikt der eingewanderten arabischen Juden:

In den 1960er Jahren, in denen ich in Israel aufwuchs, war Bagdad in der Erinnerung und im Seelenleben meiner Familie noch sehr lebendig. Ihr überstürzter Exodus aus dem Irak lag erst ein Jahrzehnt zurück. Von einem Tag auf den anderen waren sie keine Iraker mehr, sondern Israelis. „Im Irak", pflegten meine Eltern zu klagen, „waren wir Juden, in Israel sind wir Araber." Der israelisch-arabische Konflikt schuf für uns eine neue Situation; erstmals in unserer Geschichte mussten wir uns entscheiden, ob wir Araber oder Juden waren.

– aus: Ella Shohat, Sprache im Spiel: Erinnerungsfragmente einer arabischen Jüdin, in: Rafik Schami (Hg.), Angst im eigenen Land, Nagel und Kimche, 2001, S. 84.

Aufgaben
- Warum mussten in den Jahren nach 1948 viele Juden aus arabischen Ländern fliehen? Lies nach im Lesebuch „Israel und Palästina", S. 18.
- Warum war es der israelischen Regierung nach der Staatsgründung so wichtig, möglichst viele Juden aufzunehmen? Überlege dir mehrere mögliche Gründe.

Aschkenasim
Europäische und amerikanische Juden werden allgemein als „Aschkenasim" bezeichnet. Nach der Staatsgründung kam in den 1970er Jahren eine große Welle russischer Juden nach Israel, die meisten von ihnen aus zionistischen Motiven. Die Massenimmigration seit dem Zusammenbruch der Sowjetunion 1989 brachte inzwischen über 1 Million Einwanderer, die in erster Linie in Erwartung besserer wirtschaftlicher Verhältnisse nach Israel kamen. Seit Beginn des 21. Jahrhunderts wandern jährlich etwa 1.000 französische Juden nach Israel ein, u.a. aus Angst vor wachsendem Antisemitismus in Frankreich.

> Weltweit gibt es schätzungsweise 13 Millionen Juden – das sind etwa 0,2 % der Weltbevölkerung. Bei der Staatsgründung 1948 lebten 6 % aller Juden in Palästina, 1980 waren es 25 % und 2005 waren es ca. 40 %.

– Quelle: Jahresbericht der Jewish Agency, www.jewishagency.org

Integration
Die jüdischen Einwanderer der verschiedenen Länder unterscheiden sich sehr stark in ihrer Kultur und ihren religiösen Traditionen. Obwohl die Eingliederung der Immigranten in Israel im Vergleich mit anderen Ländern oft als „Erfolgsstory" bezeichnet wird, gibt es erhebliche Diskriminierung innerhalb der jüdischen Gesellschaft. Nach wie vor steht die Minderheit der „Weißen" (Aschkenasim) an der Spitze der politischen Führung, während die Sefardim bzw. Misrachim häufig benachteiligt werden. In den Zeitungen ist regelmäßig über Skandale zu lesen, beispielsweise, dass äthiopischen Jugendlichen der Zutritt zu einer Disco verweigert wird usw.

Palästinenser in aller Welt

Seiten 16–19, 24–27 — Einblicke – Alltäglichkeiten – Normalitäten

Jordanien, Libanon, Syrien

Während des arabisch-israelischen Krieges 1948/49 floh die Mehrzahl der Palästinenser aus den jüdischen Gebieten. Die meisten von ihnen leben heute zusammen mit dort geborenen Palästinensern im Westjordanland und im Gazastreifen (insgesamt etwa 3.650.000 Menschen). Andere flüchteten in die arabischen Nachbarländer. Heute leben schätzungsweise 2 Millionen Palästinenser in Jordanien und jeweils über 350.000 im Libanon und in Syrien. Weltweit gibt es heute über 9 Millionen Palästinenser. (Zum Vergleich: Die Zahl aller Araber aus den 22 Ländern der arabischen Liga beträgt etwa 300 Millionen.)

Arabischer Kaffee wird besonders zubereitet – ein Rezept findest du z.B. im Internet unter http://de.wikibooks.org/wiki/Kochbuch/_Mokka_/_Türkischer_Kaffee

Foto: Oliver Merkel

Linktipp

⇨ Unter www.palestineremembered.com findest du persönliche Erinnerungen und Fotos zur Geschichte der Palästinenser.

Der palästinensische Schriftsteller Mahmoud Darwisch lässt in seinem Gedicht einen Palästinenser sprechen, der 1948 überstürzt aus seinem Haus flüchtete. Er spricht einen Israeli, der heute in diesem Haus lebt, direkt an.

Grüße unser Haus für uns, Fremder,
Die Tassen für unseren Kaffee stehen noch im Schrank.
Riechst du den Geruch unserer Finger daran?
Erzählst du deiner Tochter mit dem Zopf
Und den dichten Brauen,
Dass sie eine abwesende Gefährtin hat,
Die gern zu ihr zu Besuch käme?
Nur um ihr Spiegelbild zu durchqueren
Und ihr Geheimnis zu sehen,
Um zu sehen, wie sie an ihrer Stelle ihr Leben führt.

– aus: M. Darwisch, Während er sich entfernt, in: Mahmoud Darwisch, Palästina als Metapher, Palmyra Verlag, 1998, S. 110.

Aufgaben

➲ **Kannst du dir vorstellen, warum manchen Israelis dieses Gedicht Angst macht?**
➲ **Was glaubst du, ist es ein trauriges Gedicht oder steckt darin verborgene Aggression? Gefällt dir das Gedicht? Warum?**
➲ **Könnte ein Israeli ein ganz ähnliches Gedicht an einen Deutschen schreiben?**

Palästinenser in Deutschland

Wie viele Palästinenser in Deutschland leben, ist nicht genau bekannt. Die Palästinensische Generaldelegation (die offizielle Vertretung der Palästinenser in Deutschland) geht von etwa 80.000 aus. Andere Schätzungen reichen bis über 200.000. Die genaue Zahl ist so schwer zu ermitteln, weil viele Palästinenser die libanesische oder jordanische Staatsbürgerschaft besitzen. Ein großer Teil der in Deutschland lebenden Palästinenser sind Christen.

Palästinensertuch

Die traditionelle arabische Kopfbedeckung heißt Kafiya und dient als Sonnenschutz. Sie wird um den Kopf gewickelt und mit einer Kordel aus Kamelhaar befestigt. Im 20. Jahrhundert wurde das Palästinensertuch zu einem politischen Protest-Modeaccessoir: Ende der 1930er Jahre war es das Zeichen der pro-faschistischen, gegen die Juden kämpfenden Palästinenser, die sich als „Fedajin" (arab. die sich Opfernden) bezeichneten. Im Anschluss an den Sechs-Tage-Krieg 1967 wurde es in Deutschland bei den Linksalternativen sehr beliebt und sollte ihre Solidarität mit den von Israel unterdrückten Palästinensern ausdrücken. Inzwischen ist das Palästinensertuch in rechtsradikalen Kreisen zu einem anti-israelischen und antisemitischen Symbol geworden. Heute bemühen sich daher Mitglieder der Antifa, die Palästinensertuchträger über dessen Geschichte und politische Bedeutung aufzuklären, damit sie das Palästinensertuch gegen ein neutrales schwarzes Tuch austauschen.

Arabische Israelis: *Minderheit?*

Einblicke – Alltäglichkeiten – Normalitäten

Araber mit israelischem Pass

Nicht alle Palästinenser sind 1948/49 vor den Juden geflohen. Viele blieben in ihren Häusern und Dörfern wohnen und nahmen die israelische Staatsbürgerschaft an. Die Gruppe dieser arabischen Israelis bildet heute die größte Minderheit in der israelischen Gesellschaft: insgesamt etwa 20 % aller Staatsbürger. Die meisten von ihnen sind sunnitische Muslime. Sehr viele arabische Israelis leben nach wie vor in arabischen Dörfern in Israel. Ihre Kinder besuchen arabische Schulen, in denen sie sowohl Arabisch als auch Hebräisch und neben dem Islamunterricht auch jüdische Religion und Geschichte lernen. Grundsätzlich unterscheiden sich jugendliche arabische und jüdische Israelis in den meisten Lebensbereichen kaum voneinander. Aber dadurch, dass alle jüdischen Israelis Militärdienst leisten müssen, während für arabische Israelis keine Militärpflicht besteht, erleben arabische und jüdische Israelis einen wesentlichen und prägenden Abschnitt ihrer Jugend ganz unterschiedlich. So entsteht eine Kluft zwischen beiden Bevölkerungsgruppen.

Aufgaben

- Trifft der Begriff „Minderheit" wirklich auf die Gruppe der arabischen Israelis zu?
- Warum sind die arabischen Israelis von der Verpflichtung zum Militärdienst ausgenommen? Stelle zuerst Überlegungen und dann Nachforschungen an.
  (Z.B. unter www.israel.de ➡ „Land und Leute" ➡ „Minderheiten")

Gleichberechtigung?

Im Sommer 2003 verabschiedete die israelische Regierung ein neues (noch provisorisches) Staatsbürgerschaftsgesetz, das Palästinensern den Aufenthalt in Israel untersagt – sogar wenn sie mit Israelis verheiratet sind. Von diesem Gesetz sind viele arabische Familien in Israel betroffen: Ehepartner können nun theoretisch ausgewiesen werden.
— Quelle: Legal Center for Arab Minority Rights in Israel, www.adalah.org

Identität und Zugehörigkeit

Von vielen jüdischen Israelis und vom Ausland werden die arabischen Israelis häufig immer noch zur Gruppe der Palästinenser gezählt. Das ist insofern historisch richtig, als die meisten Familien bereits vor der israelischen Staatsgründung Einwohner Palästinas waren - sie sind nicht geflohen oder vertrieben worden und haben sich 1948 bereiterklärt, alle Rechte und Pflichten eines israelischen Staatsbürgers (ausgenommen die Verpflichtung zum Militärdienst) anzunehmen.
Anders als viele Außenstehende denken, sind die Beziehungen zwischen arabischen Israelis und Palästinensern gar nicht besonders gut: Von sehr vielen Palästinensern werden die arabischen Israelis nach wie vor dafür verachtet, dass sie sich dem israelischen Staat und damit der jüdischen Herrschaft widerstandslos unterworfen haben.
Vor der Intifada 2000–2005 und dem Scheitern des Friedensprozesses haben sich junge arabische Israelis zum Beispiel im Ausland ganz selbstverständlich und nicht ohne Stolz als Israelis bezeichnet. – Aber die Entwicklungen seit Beginn des 21. Jahrhunderts haben die Beziehungen zwischen arabischen und jüdischen Israelis im Land negativ beeinflusst und dazu geführt, dass viele arabische Israelis ihre Identität und Zugehörigkeit neu hinterfragen.

Ein arabisches Dorf in Israel, der Turm der Moschee ragt sichtbar über die Häuser hinaus.

Das Identitätsproblem wird schon in der Bezeichnung deutlich: Araber, Palästinenser, Israelis, arabische Israelis, palästinensische Israelis, israelische Araber, Araber/Palästinenser mit israelischer Staatsbürgerschaft, Israels Araber und „Araber von 1948" sind alles Bezeichnungen für ein und dieselbe Bevölkerungsgruppe!

Arabische Israelis: *Minderheit?*

Einblicke – Alltäglichkeiten – Normalitäten

Den Juden zu arabisch, den Arabern zu jüdisch

Der jüdische israelische Journalist und Übersetzer Maurice Tszorf hat ein Online-Tagebuch verfasst. Darin beschreibt er den Alltag von Juden und Arabern in Israel. Hier ein Eintrag aus dem Jahr 2000:
Samer Nachly stellt Kaffee her. Mit dem Gewürz Kardamon versetzt. Sein kleiner Familienbetrieb versorgt fast den gesamten israelisch-arabischen Markt. Er beschreibt grundsätzliche Probleme. Als Verbraucher, sagt er, wird die arabische Bevölkerung von israelischen Unternehmen umworben. Doch wenn arabische Firmen den israelischen Markt außerhalb der arabischen Wohnregionen mit Waren beliefern wollen, werden sie abgewiesen oder ausgebootet. Nachly liefert auch in die arabischen Staaten, doch auch dort hat er Probleme. Denn die Arbeitsweisen und Strategien haben sich den israelischen, sprich westlichen, Maßstäben angepasst. Den Juden, sagt er, sind wir zu arabisch – den Arabern zu jüdisch.

— aus: Maurice Tszorf, Israelisches Tagebuch (2000), 10. Tag: Arabisches Leben in Israel, www.swr.de/swr2/israel/tagebuch/tag10_1.html

Die wirtschaftliche Situation der arabischen Minderheit in Israel

Obwohl sich die wirtschaftliche Situation der Araber mit israelischer Staatsangehörigkeit seit 1948 ständig verbessert hat, ist ein starkes Gefälle im Vergleich zum jüdischen Teil der Bevölkerung festzustellen (siehe Tabelle). Ein Viertel aller arbeitssuchenden Israelis sind Araber. Das arabische Pro-Kopf-Einkommen liegt im Durchschnitt bei 44 % des jüdischen. Die Probleme, (angemessene) Jobs zu finden, hängen unter anderem damit zusammen, dass arabische Israelis nicht wie jüdische Israelis von der Armee gefördert und bei der Arbeitssuche unterstützt werden. Aber auch aus angeblichen Sicherheitsgründen (d.h. aus Misstrauen ihnen gegenüber) werden Araber in großen Unternehmen wie der Telefon- oder der Elektrizitätsgesellschaft nur selten eingestellt.

— Quelle: Die Prozentzahlen in der Tabelle und im Text stammen aus: Informationen zur politischen Bildung „Israel", Heft 278/2003, S. 46.

Aufgaben

- Woran könnte es liegen, dass es nur sehr wenige wirklich intensive Freundschaften zwischen jüdischen und arabischen Israelis gibt? Lässt sich die Situation z.B. mit Türken und Deutschen in Deutschland vergleichen? Sammelt in der Gruppe Vorschläge, was getan werden müsste, um die Situation zu ändern.
- Finde Gründe, warum es wichtig sein könnte, sich gerade mit der Gruppe der arabischen Israelis auseinanderzusetzen, wenn es um den Dialog und mögliche Friedenslösungen für den Nahen Osten geht.

Die Müllabfuhr in der arabischen Altstadt in Akko. Die verwinkelten Gassen und Hinterhöfe der z.T. aus dem 17. Jh. und weit früher stammenden Gebäude sind häufig nur für solche Karren zugänglich.

	jüdische Israelis	arabische Israelis
in akademisch-technischen Berufen Tätige (Prozentanteil der Beschäftigten insgesamt)	27 %	14 %
unter der Armutsgrenze lebende Menschen	16 %	28,3 %
Schüler/innen, die vorzeitig die Schule abbrechen	12 %	42 %
Analphabetinnen *(die Statistik bezieht sich hier ausschließlich auf Frauen!)*	4 %	11,7 %

Arabische Israelis: *Sicherheitsproblem?*

Einblicke – Alltäglichkeiten – Normalitäten

Gibt es ein inner-israelisches Sicherheitsproblem?!

Ganz Israel war erschüttert, als im Rahmen der Al-Aksa-Intifada im Oktober 2000 erstmals auch arabische Israelis in ein Selbstmordattentat verwickelt waren. Inzwischen sehen immer mehr jüdische Israelis die arabischen Israelis als Sicherheitsproblem an. Die Universität Haifa führte im Jahr 2004 eine Umfrage durch, mit folgendem Ergebnis:

- 49 % aller jüdischen Israelis sind der Meinung, dass die Regierung den arabischen Israelis übermäßig wohlgesonnen gegenübersteht;
- 64 % der jüdischen Bevölkerung vertreten die Auffassung, die Regierung solle ihre arabischen Mitbürger zur Emigration „ermuntern";
- 45 % der jüdischen Israelis sprechen sich dafür aus, den arabischen Mitbürgern das Wahlrecht zu entziehen;
- 55 % der jüdischen Israelis halten die arabischen Israelis für eine Gefährdung der israelischen Sicherheit.

— Quelle: Yosef Goell, Where distrust meets alienation: www.mafhoum.com/press7/200S29.htm und Samira Alayans, Jüdisch-palästinensische Koexistenz im Staat Israel, in: Orient-Journal, Herbst 2004, S. 26–27.

Ausbruch jahrelang angestauter Frustration

Der israelische Journalist Maurice Tszorf beschreibt den Ausbruch der Al-Aksa-Intifada im Oktober 2000 und die Auswirkungen:

*Als im Oktober 2000 in den besetzten Gebieten die Unruhen ausbrachen, kochte es auch in den arabischen Ortschaften. Bei Zusammenstößen mit der Polizei, die tagelang andauerten, wurden 13 arabische Bürger erschossen. [...]
Was die Araber damals auf die Straße trieb, war mehr als die Solidarisierung mit ihren Brüdern im Westjordanland. Es war der Ausbruch jahrelang angestauter Frustration, Enttäuschung, Wut über nie gehaltene Versprechen. Doch für die Mehrheit der Israelis haben die Araber in Israel damit ihr „wahres" Gesicht gezeigt. Obwohl nur eine verschwindend kleine Minderheit überhaupt beteiligt war.*

— aus: Maurice Tszorf, Israelisches Tagebuch (2000), 10. Tag: Arabisches Leben in Israel, www.swr.de/swr2/israel/tagebuch/tag10_1.html

Arabische Israelis fordern Unterstützung, Integration und Gleichberechtigung

Es gibt – im Gegensatz zu den besetzten Gebieten – keine arabische Terrororganisation in Israel. Die arabischen Israelis haben ebenso wie die jüdischen Israelis unter den palästinensischen Selbstmordattentaten zu leiden und Todesopfer zu beklagen. Es gibt keine bedeutende Organisation, die eine politische Zusammenarbeit mit den Palästinensern der besetzten Gebiete anstrebt. Nur eine Minderheit der arabischen Israelis hält eine eigenständige, abgegrenzte arabische Existenz in Israel (z.B. eigene arabische Universitäten) für erstrebenswert. Die Mehrheit der arabischen Israelis fordert mehr Unterstützung für die vollständige Integration und die Gleichberechtigung in Israel.

Blick in eine Gasse im arabischen Viertel der Jerusalemer Altstadt.

Aufgaben

- Gibt es auch in Deutschland Diskussionen um innere „Sicherheitsprobleme", mit denen bestimmte Personengruppen gemeint sind? Was und wie berichten die Medien? Wo genau liegen die Probleme, von denen in den Medien berichtet wird? Wie kommt es dazu?
- Viele jüdische Israelis wollen nicht, dass auch alle arabischen Israelis in der israelischen Armee dienen und arbeiten. Welche Gründe könnte das haben?

Arabische Israelis: Zukunftschance?

Seiten 8–13 — Einblicke – Alltäglichkeiten – Normalitäten

Gibt es eine Lösung?

Eine häufige Frage, die der Nahostkonflikt aufwirft, lautet: Können Araber und Juden nicht in Frieden miteinander leben? Können sie es grundsätzlich nicht? Israels Bevölkerung selbst ist der Beweis, dass ein Miteinander durchaus möglich ist – nur läuft das Miteinander nicht gut. Vor allem das Scheitern des Friedensprozesses im Jahr 2000 und die zweite Intifada von 2000–2005 waren ein harter Rückschlag für das sich allmählich verbessernde Zusammenleben von arabischen und jüdischen Israelis.

Aufgaben

- Forsche nach Zeiten des friedlichen Zusammenlebens von Juden und Arabern in der Geschichte. Nimm dabei das Lesebuch „Israel und Palästina" zu Hilfe. Informiere dich auch über die kulturellen Blütezeiten im mittelalterlichen Spanien.
- Welche Bedeutung haben deiner Meinung nach Politik und Wirtschaft eines Landes für das friedliche Leben der Bevölkerung? – Was bedeutet das konkret für die Zukunft Israels?
- Erkläre, worin der jüdische Israeli Maurice Tszorf einen großen historischen Fehler sieht und warum der arabische Israeli Samer Nachly keine Brücke sein will.

[Die] *systematische Benachteiligung der arabischen Bevölkerung hat ihren Ursprung in der ursprünglichen zionistischen Ideologie. Danach ist Israel als Staat entstanden, der vor allem Juden ein sicheres Leben bescheren soll. Wenn im Staatshaushalt Gelder für Infrastruktur, Förderung, Bau zu vergeben sind, fließen sie stets zunächst Gemeinden mit jüdischer Bevölkerung zu. Ich* [der jüdische Israeli Maurice Tszorf] *halte diese Vorgehensweise für einen der großen historischen Fehler, den Israel begeht. […]
Israels Politiker sprechen oft und gern – besonders vor Wahlen – von der Brückenfunktion der israelisch-arabischen Bevölkerung. Sie könnte vermitteln zwischen Israel und den arabischen Nachbarn.
Aber eine Brücke, sagt* [der arabische Israeli] *Samer Nachly, bleibt, wo sie ist. Man trampelt auf ihr herum, bis man dort ist, wo man hin will. Dann lässt man sie zurück, ohne einen Gedanken an sie zu verlieren. Wir wollen keine Brücke sein, sagt er. Wir wollen mit euch gehen.*

— aus: Maurice Tszorf, Israelisches Tagebuch (2000), 10. Tag: Arabisches Leben in Israel, www.swr.de/swr2/israel/tagebuch/tag10_1.html

---

Sämtliche Regierungen [Israels] *der vergangenen 15 Jahre waren sich der Notwendigkeit bewusst, den wirtschaftlichen Anschluss der arabischen Minderheit stärker zu unterstützen, doch liegen die Pro-Kopf-Staatsausgaben für diese Bevölkerungsgruppe in den Bereichen sozialer Wohnungsbau, Erziehung und Infrastruktur immer noch um gut die Hälfte unter den Aufwendungen für die jüdische Bevölkerungsmehrheit. Die gerechte Verteilung der Mittel zugunsten der arabischen Minderheit Israels wird zweifellos eine wichtige Aufgabe der kommenden Jahre sein, wenn die Integrationsfähigkeit der Gesellschaft für die nächsten Jahrzehnte erhalten bleiben soll.*

— aus: Grisha Alroi-Arloser, Grundzüge des Wirtschaftssystems, S. 41–48, in: Informationen zur politischen Bildung „Israel", Heft 278/2003, S. 46.

Der Olivenzweig gilt im Nahen Osten als Friedenssymbol

Filmtipp:
⇨ **Alles, was ich an euch liebe**, Regie: Teresa de Pelegri/Dominic Havari, ES/AR/PT/GB 2004

Literaturtipp
⇨ Mehr Infos zur Situation arabischer Israelis bietet Samira Alayans Artikel **„Jüdisch-palästinensische Koexistenz im Staat Israel"** in: Orient-Journal, Herbst 2004, S. 26 f. Den Artikel findest du als PDF-Datei unter www.duei.de/doi/de/content/onlinepublikationen/orientjournal/journal204/orient204_analyse.pdf

Minderheiten in Israel und Palästina:
Charedim, Christen, Drusen, Beduinen

Einblicke – Alltäglichkeiten – Normalitäten

Charedim

Die Charedim oder Ultraorthodoxen machen etwa 10% der jüdischen Bevölkerung Israels aus. Sie leben in abgegrenzten Gemeinschaften. Ihre Kinder besuchen nicht-staatliche Schulen, in denen sie die jüdischen Schriften und Gesetzestexte (Tora und Talmud) studieren – sie erhalten in der Regel keinerlei Ausbildung für das moderne Leben (Geschichte, Kultur, Naturwissenschaften, Politik usw.) und wären außerhalb ihrer eigenen Gruppe vollkommen aufgeschmissen. Die Charedim sehen in Israel keinen jüdischen Staat und waren auch gegen seine Gründung. Sie akzeptieren den Staat aber notgedrungen aus praktischen Gründen.

Die Charedim sind nicht zu verwechseln mit den Nationalreligiösen (orthodoxen Juden), die unter den Siedlern stark vertreten sind (vgl. S. 44).

Filmtipp
⇨ **Kadosh**, *Regie: Amos Gitaï, IL/F 1999*

Christen

Die größte Zahl der in Israel lebenden Christen sind im Land geborene christliche Araber. Sie gehören damit zur Gruppe der arabischen Israelis. Christliche und sunnitisch-muslimische Araber leben aber in der Regel voneinander abgegrenzt, nicht selten kommt es auch zu Konflikten zwischen beiden Bevölkerungsgruppen. Auffällig ist die große Präsenz christlicher arabischer Israelis in verschiedenen Friedensinitiativen, wie z.B. dem arabisch-jüdischen Friedensdorf Wahat al-Salam (http://nswas.org).

In den palästinensischen Gebieten machen die christlichen Araber zwischen 5% und 10% der Bevölkerung aus. Erst in den letzten Jahren fühlen sich viele von dem wachsenden islamischen Fundamentalismus bedroht. Christliche Palästinenser sind in vielen zentralen gesellschaftlichen Positionen zu finden und sind ebenfalls in Friedensinitiativen überdurchschnittlich stark engagiert.

Die christlichen Palästinenser spielen häufig eine zentrale Rolle im Dialog zwischen jüdischen Israelis und muslimischen Palästinensern, bzw. zwischen den Religionen überhaupt, wie etwa in der christlichen palästinensischen Schule Talitha Kumi (www.talithakumi.org).

Verschiedene christliche Gruppen leben in Israel. Hier ein Umzug durch die Jerusalemer Altstadt.

Drusen

Die Drusen sind zwar von ihrer Abstammung und Sprache her zur arabischen Minderheit zu zählen, sie sind aber keine Muslime, sondern haben ihre (im 11. Jahrhundert vom Islam abgespaltene) eigene, weitgehend „geheime" Religion. Drusische Dörfer sind vor allem in den Bergen im Norden Israels, im südlichen Libanon und in Syrien zu finden. Viele Drusen dienen im israelischen Militär – in der Regel gemeinsam mit anderen Minderheiten in einer Truppe. Die meisten Jugendlichen sind sehr modern eingestellt.

Filmtipp
⇨ **Die syrische Braut**, *Regie: Eran Riklis F/D/IL 2004*

Beduinen

Beduinen sind ursprünglich ein (arabisches, muslimisches) Nomadenvolk, das mit seinem Vieh durchs Land zieht und in Zelten lebt. Die Gebiete, in denen Beduinen noch frei herumziehen und ihre Lager aufschlagen können, sind aber inzwischen auf einen Bruchteil ihres früheren Lebensraums beschränkt: Israels Regierung versucht, die Beduinen im Land fest anzusiedeln. Die meisten leben im Süden Israels, in der Negev-Wüste, viele von ihnen in Betonhütten oder in fest installierten Zelten. Besonders an der Universität Beer-Shewa in der Negev-Wüste hat die Zahl der Beduinen unter den Studenten erheblich zugenommen. Viele Beduinen dienen im israelischen Militär – insbesondere als Späher oder Fährtenfinder.

Filmtipp
⇨ **Gelber Asphalt (Yellow Asphalt)**, *Regie: Danny Verete, IL 2000 OV mit engl. Untertiteln*

Hummus, Tahina, Falafel:
Rezepte – I
Einblicke – Alltäglichkeiten – Normalitäten

Wo Milch und Honig fließen

In der Bibel wird Israel/Palästina als das Land, wo Milch und Honig fließen, bezeichnet. Das bedeutet, dass dort bedingt durch die verschiedenen Klimazonen eine Vielfalt an Nahrungsmitteln zu finden ist. Seit biblischen Zeiten bis heute spielen sieben Obst- und Getreidesorten in der Küche der Region eine große Rolle: Oliven, Feigen, Datteln, Granatäpfel, Weizen, Gerste und Trauben.

> Oliven sind ein Symbol für den Frieden. Eine Taube brachte Noah einen Olivenzweig als Zeichen für die Erneuerung der Welt. Israels Staatswappen zeigt zwei Olivenzweige. Der ehemalige Palästinenserführer Jassir Arafat galt als der Kämpfer mit Olivenzweig und Revolver (beide trug er 1974 bei seiner ersten Rede vor den UN bei sich). Eine der wichtigsten Aktionen der israelisch-palästinensischen Friedensbewegung ist die gemeinsame Olivenernte im Herbst.

Die israelische Küche heute zeigt den Einfluss der Einwanderer aus aller Welt, hat aber ebenso viele typisch arabische Rezepte und Zutaten aus der Region übernommen: z.B. Hummus, Tahina und Falafel sind bei Israelis und Palästinensern gleichermaßen beliebt.

Hummus – Kichererbsenpüree

(Ein Leben ohne Hummus und Pita wäre für Israelis und Palästinenser unvorstellbar!)

Ihr braucht einen sehr, sehr großen Mörser und solltet für den Not- oder Frustfall lieber auch einen elektrischen Mixer oder Pürierstab zur Verfügung haben.

Zutaten:

- 500 g getrocknete Kichererbsen
- 2 mittelgroße Zwiebeln, ganz und geschält
- 2 Knoblauchzehen, ganz und enthäutet
- 2 Knoblauchzehen, durch die Presse gedrückt
- Saft von 2 kleinen Zitronen
- 3–4 EL Tahina-Paste (siehe S. 30)
- 2 scharfe, längliche grüne Paprikaschoten, sehr klein geschnitten (alternativ: 1 Chilischote – Vorsicht scharf, unbedingt Kerne entfernen!)
- 1 Bund glatte Petersilie, gehackt
- Olivenöl
- Pita- oder Fladenbrot

So geht's:

Kichererbsen über Nacht (mindestens 8 Std.) in einer Schüssel mit reichlich Wasser einweichen. Abbrausen, mit 2 Zwiebeln und 2 Knoblauchzehen in einen Topf geben und mit Wasser bedecken. Ohne Salz (!) bei mittlerer Hitze kochen, bis die Erbsen sehr weich sind und zerfallen (dauert ohne Dampfkochtopf mindestens 4 Std.). Die oben schwimmenden Häutchen, Zwiebeln und Knoblauch entfernen. Etwas von der Kochflüssigkeit aufbewahren, Kichererbsen abtropfen lassen. Eine gute Hand voll ganze Kichererbsen beiseite stellen, den Rest pürieren (traditionell mit einem großen Mörser und nicht mit dem Küchengerät). Dabei Salz, Zitronensaft, frisch gepressten Knoblauch, Tahina-Paste und Kochflüssigkeit zufügen, bis die Masse cremig ist. Hummus auf einen Teller oder in eine Schüssel streichen, reichlich Olivenöl darauf

Palästinenserinnen bei der Olivenernte
Foto: © www.olivenoel-palaestina.ch, Kampagne „Olivenöl aus Palästina"

träufeln und in die Mitte einige ganze Kichererbsen, Petersilie und grüne Paprika/Chili geben. Mit warmem Pita-Brot und Oliven servieren: Man reißt mit den Händen Stücke vom Brot ab und tunkt sie in das Hummus.

Projektvorschlag

↪ **In der Bibliothek und im Internet könnt ihr kulinarische Recherchen betreiben und nach weiteren typischen israelischen und palästinensischen Speisen und Rezepten forschen. Vergleicht auch, welche religiösen Speisevorschriften es im Judentum und im Islam gibt! Ladet eure Mitschüler, Lehrer und Eltern zu einer Ausstellung zum Anfassen und Aufessen ein! Sorgt für passende Musik und Dekoration.**

Hummus, Tahina, Falafel:
Rezepte – II

Einblicke – Alltäglichkeiten – Normalitäten

Tahina (auch: Techina oder Tahini) – Sesamsauce

Tahina wird aus gemahlenen Sesamsamen hergestellt und entweder als Paste in Hummus gerührt oder als Sauce über Falafel gegeben. Tahina gibt es fertig im Glas zu kaufen – z.B. im arabischen Geschäft oder in der Feinschmecker-Abteilung im Supermarkt. Das folgende Rezept für (verfeinerte) Tahina-Sauce kann man als Dip verwenden.

Zutaten:

- 200 ml Tahina-Paste
- Saft von 3 mittelgroßen Zitronen
- 2 Knoblauchzehen, durch die Presse gedrückt
- 2 Bund glatte Petersilie, gehackt
- Salz
- 2–3 El Olivenöl

So geht's:

Die fertige Sesampaste mit dem Zitronensaft zu einer cremigen Sauce verrühren (evtl. etwas lauwarmes Wasser ergänzen). Knoblauch, Petersilie und Salz (nach Geschmack) gut unterrühren. 2–3 EL Olivenöl auf die fertige Sauce träufeln und mit Brot oder zu Salat, Paprikastreifen etc. servieren.

Kochtipp

⇨ *Verwendet Olivenöl aus Palästina! Das bekommt ihr in so genannten Welt-Läden oder Läden, die fair-trade-Produkte verkaufen. Mit einem Anteil des Flaschenpreises werden palästinensische Familien unterstützt.*
Mehr Informationen über die Kampagne findet ihr unter www.eine-welt-handel.com oder www.olivenoel-palaestina.ch

Falafel – frittierte Kichererbsenbällchen

Inzwischen gibt es auch bei uns in vielen arabischen Geschäften schon fertige Falafel-Mischungen oder sogar fertige, tiefgefrorene Falafel zu kaufen. Sie schmecken aber nicht so gut wie selbst gemachte! Ihr braucht einen elektrischen Mixer und eine Fritteuse.

Zutaten:

- 500 g Kichererbsen aus der Dose
- 2 mittelgroße Zwiebeln
- 5 Knoblauchzehen
- 2 Bund glatte Petersilie (lange Stiele entfernen!)
  oder 1 Bund glatte Petersilie und 1 Bund frischer Koriander
- 3–4 möglichst scharfe, rote Paprikaschoten (evtl. durch rote Chili ergänzen)
- 1 EL Backpulver
- Kreuzkümmel (gemahlen), Salz und Pfeffer zum Abschmecken

außerdem:

- Pita-Brot (kurz vor dem Servieren im Backofen oder im Toaster aufwärmen)
- Tahina-Sauce (s.o.)
- Paprika (in Stücke oder Streifen schneiden)
- Auberginen (in Scheiben schneiden und in Öl anbraten)
- Eisbergsalat (in Streifen schneiden)
- Tomaten (in Viertel bzw. Achtel schneiden)
- rote Zwiebeln (in Ringe schneiden)
- glatte Petersilie (grob hacken)
- eingelegte Peperoni und weitere Zutaten nach Belieben

So geht's:

Kichererbsen abbrausen und abtropfen lassen. Mit Zwiebeln, Knoblauch, in Stücke geschnittener und entkernter Paprika/Chili, Petersilie (und Koriander) zusammen im elektrischen Mixer pürieren. Kümmel, Salz, Pfeffer und Backpulver hinzufügen, die Mischung gründlich durchkneten und dann 30 Minuten ruhen lassen. Öl in einer Fritteuse erhitzen. Aus dem Teig kleine Bällchen formen (mit angefeuchteten Händen geht es besser!) und diese in der Fritteuse goldgelb ausbacken. Je etwa 4–5 Falafel-Bällchen zusammen mit Tahina-Sauce und den oben angegebenen Zutaten in ein warmes Pita-Brot füllen.
Guten Appetit – bil-Hana wa-Schifa – be-Teawon!

Dieses Plattencover aus den 1970er Jahren (eine Sammlung bekannter israelischer Songs) macht Falafel in Pita zum Wahrzeichen Israels.

Begegnungen im Alltag – I

Einblicke – Alltäglichkeiten – Normalitäten

„Ein Zimmer auf dem Dach"

In der Kurzgeschichte „Ein Zimmer auf dem Dach" von Savyon Liebrecht geht es um eine junge israelische Frau, die drei palästinensische Schwarzarbeiter aus den besetzten Gebieten damit beauftragt, auf dem Flachdach ihres Hauses ein zusätzliches Zimmer zu bauen. Während ihr Mann beruflich im Ausland ist, bleibt sie mit ihrem Baby zu Hause, um die Arbeiten zu überwachen.

Am nächsten Tag, nachdem sie in schlaflosen Stunden darüber nachgedacht und beschlossen hatte, ihre Macht vor den Arbeitern zu demonstrieren, wartete sie bereits am Fenster auf sie, ihr Baby in den Armen wiegend, während der Zorn ihren Bewegungen Kraft einhauchte. Als sie näher kamen, rief sie vom Fenster: „Warum seid ihr gestern mitten in der Arbeit weggegangen? Und heute" – sie sah mit einer umständlichen Bewegung auf die Uhr, den Hals über das an ihrer Brust liegende Baby streckend – „heute kommt ihr um neun! Ihr habt gesagt, dass ihr um sechs mit der Arbeit anfangt! [...]"

„Gnädige Frau", sagte der Mann mit den goldenen Augen beleidigt, „heute es geben Straßensperren. Nicht können fahren vor vier Uhr morgens, gnädige Frau."

Etwas in ihr schreckte beim Anblick der geschlagenen Hundsaugen zurück, die er zu ihr hob, beim Klang seiner gebrochenen Stimme. Aber sie mobilisierte ihre Kräfte, um das Zittern zu bremsen, das er in ihr hervorrief und das drohte, ihren Zorn zu besänftigen, und schrie: „Und was war gestern? Es auch geben Straßensperren?", ahmte sie boshaft seine fehlerhafte Sprache nach. „Ihr seid weggegangen und habt die Hälfte der Ziegelsteine unten auf dem Rasen gelassen!"

Da sah sie zum ersten Mal die Geste, die mit der Zeit zur Routine werden sollte: die Kiefer, die aufeinander schlugen, als kauten sie etwas Hartes, und die eine Furche entlang der Zahnreihe gruben. Später lernte sie: So ersticken sie die Wut, den Hass. Sie beißen die Zähne zusammen, um den rasenden Zorn zu unterdrücken, der nur selten ausbricht und in ihren Pupillen aufblitzt.

„Gestern mein Freund Achmed, Nagel von sein Finger weg."

Hinter ihm hob sein Freund eine verbundene Hand und sie schaute aus ihrem schönen, mit katalonischen Holzquadraten gerahmten Fenster und spürte, wie die drei Männer in ihrer zerschlissenen Arbeitskleidung sie besiegten, als sie ihre Augen zu ihr hoben.

— aus: Savyon Liebrecht, Ein Zimmer auf dem Dach, aus dem Hebräischen von Judith Brüll, S. 127f., in: Ariel – Zeitschrift zur Kunst und Bildung in Israel, Nr. 77–78, Jerusalem 1991, S. 122–151.

Info:

Etwa 12% aller Arbeitskräfte in Israel sind ausländische Arbeitnehmer (darunter eine sehr große Zahl illegaler Arbeiter). Bis zum Ausbruch der Al-Aksa-Intifada im Herbst 2000 waren 46% der ausländischen Arbeitnehmer Palästinenser. Besonders in der Baubranche spielten die palästinensischen Arbeitskräfte eine wichtige Rolle. Mit der Sperrung der Grenzen haben die meisten von ihnen ihre Arbeitsplätze in Israel verloren. Die Arbeitslosigkeit in den besetzten Gebieten liegt bei weit über 40%. Israel ersetzte die günstigen palästinensischen Schwarzarbeiter zum größten Teil durch Arbeitskräfte aus Mittel- und Osteuropa sowie dem Fernen Osten.

— Quelle: Die Zahlen stammen aus: Informationen zur politischen Bildung „Israel", Heft 278/2003, S. 46.

Blick durch ein Fenster auf Tel Aviv.

Aufgaben

- Achte auf Körperhaltung, Gedanken und Reaktionen der Frau. Mit welchen Worten wird ihr Zustand und ihre Haltung beschrieben?
- Wovor hat die Frau Angst und was glaubt sie verteidigen zu müssen? Versuche das Verhalten der Frau zu erklären.
- Wie empfinden die drei arabischen Arbeiter die Situation? Schreibe auf, was in diesem Moment wahrscheinlich in ihren Köpfen vorgeht.
- Diskutiert in der Gruppe über das Thema Schwarzarbeit. Wer arbeitet schwarz und warum? Wie ist die Situation von illegalen Arbeitern in Deutschland? Wie sieht es aus mit Arbeitnehmerrechten, Krankenversicherung etc.?

Begegnungen im Alltag – II

Einblicke – Alltäglichkeiten – Normalitäten

Berührungsängste und Misstrauen

Die junge Israelin und die palästinensischen Schwarzarbeiter in Savyon Liebrechts Geschichte „Ein Zimmer auf dem Dach" begegnen sich misstrauisch und mit vielen Vorurteilen. Viele der Missverständnisse beruhen nicht bloß auf sprachlichen Schwierigkeiten – die Arbeiter sprechen nicht sehr gut Hebräisch – und ganz verschiedenen Lebenssituationen, sondern auch auf einer unterschiedlichen Mentalität oder unterschiedlichen Vorstellungen von Höflichkeit und persönlicher Privatsphäre.

Mittags [...] klopfte es an der Tür. Chassan, in der einen Hand einen verrußten Aluminiumtopf und in der anderen eine Plastiktüte vom Supermarkt [...], sagte: „Verzeihung, ich dürfen tun Suppe auf Feuer?"

Sie harrte im Eingang, mit ihrer ausgestreckten Hand am Türrahmen die Grenze wahrend, als versuchte sie, die Eintretenden aufzuhalten. Doch das freundliche Lächeln auf seinem Gesicht und die Art, in der er seine Bitte formuliert hatte, gestatteten die Möglichkeit einer Ablehnung nicht, und so ließ sie ihren sperrenden Arm sinken [...].

Während sie die Spielsachen im Zimmer von Udi ordnete, [...] schlich sich – noch dumpf, noch als Unbehagen getarnt – die Angst in sie, die durch die zu große Annäherung von Menschen geboren wird, die die Grenze übertreten, sie bis an ihr Äußerstes spannen und so tun, als merkten sie es gar nicht.

Als sie zurückkam waren die beiden anderen schon bei ihm in der Küche. Der eine schnitt Gemüse in ihre neue Tonschüssel, der andere stand vor dem offenen Kühlschrank, die Hand in der unteren Gemüseschublade. An seinem Gesichtsausdruck wusste sie, dass er bei der Tat ertappt worden war, seine im Gemüse stöbernde Hand hielt inne und erstarrte in der Luft.

„Brauchen Gurke", sagte er und trat einen Schritt zurück.

Sie ging zum Kühlschrank, stieß die Schublade zu, die er herausgezogen hatte, und nahm eine Gurke aus einer verschlossenen Tüte, die tief hinten im obersten Regal lag.

„Da, nimm", sagte sie.

„Vielen Dank, gnädige Frau." Er nahm die Gurke aus ihrer Hand.

„Gnädige Frau Kaffee trinken?", fragte Chassan vom Herd aus, während er mit einem Löffel im finjan rührte, und lächelte sie von der Seite an.

Innerlich verwirrt, bemüht, ihre Gesichtsmuskeln zu beherrschen, antwortete sie: „Nein, danke."

„Das guter Kaffee", versuchte Salach, der nur selten sprach, sie zu überzeugen.

„Nein, danke. Ich trinke mittags nicht."

„Mittag, Morgen – das guter Kaffee." Er ließ nicht locker.

Und sie, die bereits spürte, wie sich die Zähne der Falle um sie schlossen, sagte fast mit einem Schrei: „Nein!" und sah, wie Chassan den Geschirrschrank öffnete und drei Porzellanteller herausnahm.

Einen Augenblick bevor sie [...] ins Schlafzimmer flüchtete, die Tür hinter sich verschloss und in ein leises, unterdrücktes, hilfloses Weinen ausbrach, in das sich bereits Angst geschlichen hatte, sagte sie mit leiser, herrischer Stimme zu Chassan: „Ich bitte darum, keinen Krach zu machen. Mein Baby schläft." [...]

— aus: Savyon Liebrecht: Ein Zimmer auf dem Dach, aus dem Hebräischen von Judith Brüll, S. 133f., in: Ariel – Zeitschrift zur Kunst und Bildung in Israel, Nr. 77–78, Jerusalem 1991, S. 122–151.

Arabischer (bzw. türkischer) Kaffee mit Kardamom gewürzt

Aufgaben

➲ Finde heraus, was in der beschriebenen Situation falsch läuft und woran das liegt. Schreibe dazu alle Fakten und Ereignisse, die zu der angespannten Situation beitragen, auf eine Liste. Wie müssten die Frau und die drei Männer ihr Verhalten jeweils ändern, damit es nicht zu Missverständnissen kommt?

➲ Welche Rolle spielt es, dass die Auftraggeberin eine (jüdische) Frau ist und die Arbeiter (muslimische) Männer sind?

➲ Kennst du ähnliche „kulturelle" Missverständnisse aus deinem eigenen Alltag? Schreibe eine solche Situation in wenigen Sätzen auf und beschreibe auch, was du dabei gefühlt hast und wie du aus der Situation herausgekommen bist.

Die israelische Verteidigungsarmee:
Wehrpflicht und Verweigerer – I

Alle Seiten — Einblicke – Alltäglichkeiten – Normalitäten

Die hebräische Bezeichnung für die **israelische Armee (IDF – Israeli Defence Forces)** ist „Zahal", eigentlich eine Abkürzung von „Zwa Hagana le-Israel" (hebr.: Armee zur Verteidigung Israels). Sie wurde am 31. Mai 1948 gegründet und gilt heute als eine der schlagkräftigsten und bestausgestatteten Armeen der Welt.

Linktipp
⇨ www.idf.il – Die offizielle Webseite der israelischen Armee bietet eine täglich aktualisierte Chronik über Einsätze und Verluste israelischer Soldaten (in engl.).

Aufgabe
➲ Finde heraus, an wie vielen Kriegen die israelische Armee bisher beteiligt war. Ergänze auch die wichtigsten Feldzüge und die schwersten Angriffe auf die israelische Armee zu dieser Liste. Nimm dabei das Lesebuch 📖 „Israel und Palästina" zu Hilfe und recherchiere im Internet, z.B. unter www.hagalil.com/israel/geschichte/kriege.htm.

Auf dem Markt in Tel Aviv. Soldaten und Soldatinnen in Uniform und mit umgehängter Waffe gehören zum normalen Straßenbild überall in Israel.

Wehrpflicht

In Israel gilt sowohl für Männer als auch für Frauen die Wehrpflicht. Direkt nach dem Schulabschluss müssen Männer für 36 Monate, Frauen für 24 Monate zur Armee. Danach wechseln sie in den Reservedienst über, d.h. sie werden für mindestens einen Monat im Jahr eingezogen – das gilt für alle Männer bis zur Vollendung des 42. Lebensjahres (für Offiziere einige Jahre länger), für Frauen lediglich bis zur Vollendung des 24. Lebensjahres. Die Wehrpflicht und der Reservedienst gilt grundsätzlich für alle israelischen Staatsbürger (d.h. für alle mit einem israelischen Pass, und den besitzen auch viele Juden, die im Ausland leben). In der Praxis wird die Wehrpflicht selten voll ausgenutzt, nur wenige im Ausland lebende Juden kommen tatsächlich dem israelischen Wehrdienst nach, Frauen werden in der Regel gar nicht zum Reservedienst einberufen und Männer über dem 35. Lebensjahr häufig auch nicht mehr.

Ausgenommen von der Wehrpflicht sind nur alle nichtjüdischen, schwangeren oder verheirateten Frauen, orthodoxe Juden und arabische Israelis. Zu den „Ausnahmen" nichtjüdischer Israelis in der Armee gehören z.B. Beduinen, die sich wegen ihrer ausgezeichneten Kenntnisse des Lebens und Überlebens in der Wüste als sehr wichtig für die Armee erwiesen haben.

Projektvorschlag
➲ Füge deine Liste israelischer Kriege und Feldzüge in eine dreispaltige Tabelle ein. In die zwei freien Spalten ergänzt du zwei erfundene, aber realistische Lebensläufe: zum einen den Lebenslauf eines Israelis und zum anderen den Lebenslauf eines Palästinensers – beide sind zum Zeitpunkt des ersten Krieges (dem Unabhängigkeitskrieg 1948) 18 Jahre alt. Überlege dir mögliche Lebensläufe von 1948 bis heute: Kinder, Enkelkinder usw. Von welchen Kriegen und Aktionen der israelischen Armee sind deine beiden Personen direkt betroffen? *(Denke dabei auch daran, dass die Kinder und Enkel zur Armee gehen bzw. an der Intifada teilhaben.)*

Die israelische Verteidigungsarmee:
Wehrpflicht und Verweigerer – II

Einblicke – Alltäglichkeiten – Normalitäten

Ersatzdienst oder Zivildienst

Einen dem in Deutschland üblichen Zivildienst vergleichbaren Ersatzdienst gibt es in Israel nicht. Es wird allerdings diskutiert, ob etwa für die ultraorthodoxen Juden, die keinen Militärdienst leisten, ein solcher Ersatzdienst verpflichtend eingeführt werden sollte. Rechtlich ist es nur Frauen gestattet, sich aus Gewissensgründen gegen den Wehrdienst zu entscheiden und dann für ein oder zwei Jahre eine Art Ersatzdienst zu leisten. Für Männer ist es sehr schwierig, den Militärdienst zu verweigern. Meist kommt es zu Gerichtsverfahren und die Verweigerer können mit einer Haftstrafe von bis zu drei Jahren bestraft werden. Besonders haben die Verweigerer allerdings mit der allgemeinen Verachtung für sie in der israelischen Gesellschaft zu kämpfen – Verweigerer haben es häufig auch schwer, einen Arbeitsplatz zu finden.

Karrieretipp

⇨ *Für deutsche Jugendliche besteht die Möglichkeit, ein freiwilliges soziales Jahr oder den Zivildienst im Ausland zu absolvieren. Wenn du Interesse hast, erkundige dich (z.B. unter www.zivi.org), ob das auch in Israel oder in den palästinensischen Autonomiegebieten möglich ist. Auch bei der Kirchengemeinde oder im Jugendhaus bekommst du Informationen.*

Sonntag, 4. Januar 2004

Das Militärgericht verurteilte 5 israelische Wehrdienstverweigerer zu einer einjährigen Haftstrafe. Die Männer, alle im Alter von 20 Jahren, wurden der Befehlsverweigerung für schuldig befunden: Sie hatten sich gegen ihren Einsatz in den besetzten Gebieten gewehrt.

Sonntag, 21. Dezember 2003

Eine Gruppe von 13 israelischen Elite-Soldaten verweigert demonstrativ den Dienst in den besetzten Gebieten. Die Soldaten und Offiziere unterschrieben einen Brief an den Premierminister, in dem sie ihre Weigerung ankündigen, weiterhin in den von Israel besetzten palästinensischen Gebieten Dienst zu tun.

Sonntag, 28. September 2003

Ehemalige und Reserve-Piloten der israelischen Luftwaffe äußern erstmals öffentlich ihre Bedenken, an Kampfhubschrauber-Einsätzen in den Palästinensergebieten teilzunehmen.

Donnerstag, 29. September 2005

Ein weiterer israelischer Soldat, der den Dienst in den von Israel besetzten Gebieten verweigerte, wurde zu einer Gefängnisstrafe verurteilt.

Montag, 23. Januar 2006

Ein israelischer Verweigerer, der auch in Zukunft einen Einsatz in palästinensischem Gebiet verweigert, wurde zu einer Haftverlängerung von 28 Tagen im Militärgefängnis verurteilt.

Donnerstag, 13. November 2003

Das Militärtribunal befand einen Neffen des israelischen Finanzministers Benjamin Netanjahu, der den Wehrdienst total verweigert, zwar der Befehlsverweigerung für schuldig, aber glaubte ihm auch, dass er seine Entscheidung tatsächlich aus Gewissensgründen getroffen habe. Dies bedeutet einen ersten juristischen Teilerfolg für Wehrdienstverweigerer.

Aufgaben

➲ **Schau dir die Zeitungsmeldungen aus den Jahren 2003-2006 genau an. Die Mehrzahl der Soldaten, von denen hier die Rede ist, verweigert nicht grundsätzlich den Militärdienst. Diese israelischen Soldaten weigern sich, an ganz speziellen Einsätzen teilzunehmen. Welche Einsätze sind das? Gegen wen richten sich diese Einsätze?**

Die israelische Verteidigungsarmee:
Wehrpflicht und Verweigerer – III

Einblicke – Alltäglichkeiten – Normalitäten

Selektive Verweigerung

Ein großer Unterschied zwischen israelischen und deutschen Kriegsdienstverweigerern besteht darin, dass eine sehr große Gruppe der israelischen Verweigerer sich nicht generell gegen den Wehrdienst ausspricht. Die meisten Verweigerer in Israel, die in den letzten Jahren Schlagzeilen machten, sind so genannte „selektive Verweigerer". Sie sind bereit, in der israelischen Verteidigungsarmee zu dienen und ihr Land gegen Angreifer und im Krieg zu verteidigen – sie verweigern aber das ihrer Meinung nach unrechtmäßige militärische Eindringen in palästinensische Gebiete. Sie können vor allem das Schikanieren der einfachen palästinensischen Bevölkerung nicht mit ihrem Gewissen vereinbaren.

Auf Internetseiten von israelischen Wehrdienstverweigerern wie diesen wird damit geworben, dass in Wirklichkeit die Verweigerer – und nicht die Soldaten – starke Typen sind.

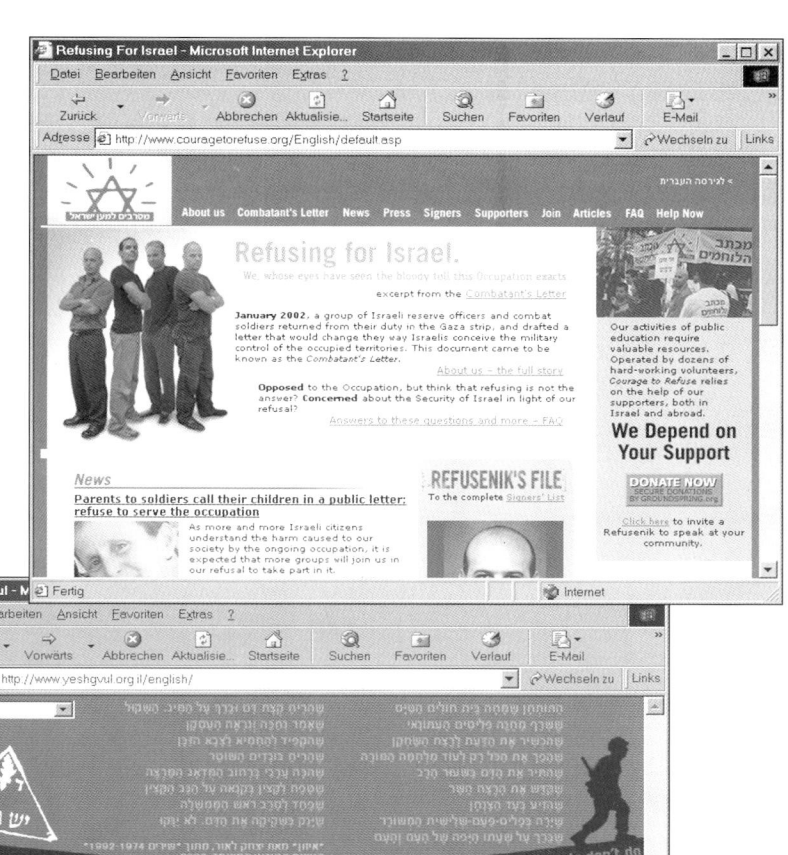

Aufgaben

- ➔ Diskutiert gemeinsam, warum es nur sehr wenige Total-Verweigerer (d.h. Wehrpflichtige, die jeglichen Dienst an der Waffe ablehnen) in Israel gibt.
- ➔ Vergleiche die Situation in Israel mit der in Deutschland: Ist der Militärdienst in beiden Ländern gleich wichtig?
- ➔ Sammle Argumente deutscher Kriegsdienstverweigerer – lassen sich diese Argumente auch auf die Menschen in Israel übertragen? Inwiefern unterscheiden sie sich von den Argumenten israelischer Kriegsdienstverweigerer?

Projektvorschlag

- ➔ Informiert euch über die verschiedenen Organisationen israelischer Wehrdienstverweigerer im Internet. Ihr könnt dazu in kleinen Gruppen arbeiten. Notiert jeweils die wichtigsten Argumente dieser Organisationen gegen den uneingeschränkten Dienst in der israelischen Armee. Hinweis: Die Jugendorganisation „Shministim" hat die Verweigerung einer ganzen Schülergruppe in einem Brief an die israelische Regierung zum Ausdruck gebracht. Übersetzt die englische Version dieses Briefes (siehe www.shministim.org) ins Deutsche.

Linktipps

- ➪ *Auf der Internetseite der Organisation „yesh gvul" (hebräisch für „es gibt eine Grenze") findet ihr immer aktuelle Artikel zum Nahost-Konflikt aus kritischer Perspektive und Links und Infos zu allen Aktionen, Demonstrationen und Veranstaltungen der israelischen Verweigerer: www.yeshgvul.org.il/english Die Seiten sind in englischer Sprache. Recherchiert außerdem auf folgenden Seiten: www.couragetorefuse.org und www.shministim.org und www.newprofile.org (hier gibt es eine deutsche Seite) sowie www.refusersolidarity.net*

Grenzerfahrungen: *Besatzung*

Einblicke – Alltäglichkeiten – Normalitäten

Kontrollen an den Grenzen

Israels Armee hat einen ethischen Verhaltenskodex – d.h. Vorschriften z.B. für den Umgang mit Palästinensern. Aber nicht alle Soldaten befolgen ihn – manche haben ihren ganz eigenen „Kodex". Der israelische Schriftsteller Etgar Keret schildert seine Beobachtungen an einem Checkpoint, an dem israelische Soldaten und Palästinenser aufeinandertreffen:

Udi war an jenem Tag der Befehlshaber am Chowara-Checkpoint [in der Nähe von Nablus im Westjordanland] und sein Kodex war sehr einfach: Leute, die lächeln, dürfen nicht passieren. [...] Irgendein fröhlicher Vater, der seinem dreijährigen Sohn eine Sahnetorte [...] gekauft hatte, verstieß [...] gegen den Kodex und wurde festgehalten. Der offizielle Grund: Er hatte nicht wie die anderen in der Schlange gewartet. Als ich zu erklären versuchte, dass die übrigen Leute in der Schlange es dem Vater erlaubt hatten vorzugehen, weil, wenn er in der Sonne wartete, die Sahnetorte, die er seinem Sohn in Ramallah gekauft hatte, verderben würde, lächelte mich Udi zum ersten Mal an diesem Tag mit strahlend weißen Zähnen an und erklärte hinter dem Lauf seiner Waffe [...],

dass ihm das am Arsch vorbeigehe. [...] Udi ist kein Dummkopf. Wie andere Soldaten weiß er seinen privaten Kodex anzuwenden, ohne mit jenem der israelischen Armee aneinanderzugeraten. [...] wenn du ein Psycho bist und einigermaßen begreifst, wie das System arbeitet, kannst du dich nach Herzenslust austoben, ohne aus dem Rahmen von Verzögerung, Fluchen oder Bedrohen mit vorgehaltener Waffe zu fallen [...]. Tatsache ist, als ich alles, was Udi an jenem Tag gemacht hatte, seinem Offizier erzählte, [...] nickte er [...] mit dem Kopf und sagte, die Soldaten würden unter großem Druck stehen. „Aber von dem Moment an, als ich gekommen bin", und der Offizier versuchte, das Glas als halb voll zu betrachten, „hast du gesehen, wie alles läuft wie am Schnürchen? Fast die Hälfte von denen, die aufgehalten worden sind, haben die Sperre schon passiert. Oder nicht?" [...]

— aus: Etgar Keret, Lächeln verboten, aus dem Hebräischen von Barbara Linner, in: DIE ZEIT, Nr. 35/2004, S. 7.

Aufgaben

- Gibt es eine Erklärung für das Verhalten des Soldaten Udi?
- Gibt es eine Erklärung für das Verhalten des Offiziers?
- Was bedeutet der Satz „Er versuchte, das Glas als halb voll zu betrachten"? Was ist hier damit gemeint?
- Der israelische Schriftsteller Etgar Keret hat seine Beobachtungen, die kein gutes Licht auf die israelische Armee werfen, aufgeschrieben, so dass sie auch in einer deutschen Zeitung veröffentlicht werden konnten. Warum hat er das getan?

Checkpoint *(Kontrollpunkt):* Ein fester Militär- oder Polizeiposten an einer Verkehrsverbindung, der zur Überwachung des Grenzverkehrs und zur Fahndung nach gesuchten Personen dient. Sehr bekannt ist der ehemalige Berliner „Checkpoint Charlie".

Um direkte Konflikte zu vermeiden, haben in den besetzten Gebieten z.B. gemeinsame heilige Stätten getrennte, bewachte Eingänge.

Grenzerfahrungen: *Checkpoints*

Einblicke – Alltäglichkeiten – Normalitäten

Kritische Stimmen

Die israelische Journalistin Amira Hass lebt seit Jahren unter Palästinensern in Ramallah. In den israelischen Medien schildert sie den Alltag der Palästinenser und übt starke Kritik an Israels Palästina-Politik. Ein deutsches Kamerateam hat Amira Hass im Januar 2002 zu einem der israelischen Checkpoints begleitet:

Ameisengleich bewegt sich der Strom der Menschen unter der Aufsicht von Soldaten und Panzern. Bilder, die sich eingraben im Kopf und in der Magengegend. „Wenn ich diese Straße nach Jerusalem nehme, [...] dann schäme ich mich", sagt Amira. „Ich nenne sie die Straße der Herrenrasse. Das was sie hier sehen, hat nichts mit Sicherheit zu tun, es ist Schikane, eine ganzes Volk wird schikaniert, hier leben zwei Völker mit unterschiedlichen Rechten auf ein und demselben Territorium, das ist politisch gewollt und das nenne ich Apartheid." Amira ist offen zu uns, offen genug auch, uns zu sagen, dass sie Probleme damit hat, diese Bilder dem deutschen Fernsehen zu zeigen. „Ich habe immer Angst," sagt sie, „dass die Europäer, insbesondere die Deutschen, solche Bilder zum Anlass nehmen, ihre eigene historische Schuld, ihre eigene historische Verantwortung neu zu interpretieren und rückwirkend anders zu bewerten, und dem möchte ich natürlich keinen Vorschub leisten."

— aus: Wiltrud Kremer, „Das andere Gesicht des Feindes", Amira Hass – eine israelische Journalistin im Westjordanland, www.swr.de/swr2/palaestina/tagebuch/kremer/teil2.html

Kalandia ist der meistgenutzte Checkpoint zwischen Israel und den besetzten Gebieten und ein Hauptknotenpunkt zwischen Ostjerusalem und Ramallah. Heute gibt es hier ein hochmodernes automatisiertes Kontrollterminal, das weniger provisorisch aussieht.
Foto: © www.photofactory.nl

Aufgaben

- Recherchiere, was der Begriff „Herrenrasse" bedeutet. In welchem Zusammenhang wird er üblicherweise benutzt?
- Warum hat Amira Hass Bedenken, diese Bilder dem deutschen Fernsehpublikum zu zeigen? Wäre es besser, Amira Hass hätte den deutschen Journalisten nicht geholfen, erschreckende Bilder vom Verhalten des israelischen Militärs zu bekommen? Sammle Argumente dafür und dagegen.

Filmtipp

- **Checkpoint**, Regie: Yoav Shamir, IL 2003, OmU

Die Armee in der Nahostberichterstattung

Die Bundeszentrale für politische Bildung in Deutschland hat eine Studie veröffentlicht, in der die Nahostberichterstattung untersucht wurde. Unter anderem wird dort die Darstellung von Tätern auf beiden Seiten hinterfragt. Es gibt kaum Bilder von palästinensischen Terroristen in Aktion (die Anschläge kommen ja jedes Mal überraschend), dafür aber viele Bilder von israelischem Militär im Einsatz. Daher verschiebt sich die Wahrnehmung und uns prägt sich das Bild von israelischen Soldaten als Tätern stärker ein.

In Abwägung der Einzelbefunde, insbesondere aber der Bedeutung sichtbarer Gewalt- und Machtausübung, kann man zu dem Schluss kommen, dass ein wesentlicher Medieneffekt des Terrors darin liegt, Israel als Militärmacht in eine sichtbare Aggressorrolle zu bringen.

— aus: Die Nahostberichterstattung in den Hauptnachrichten des deutschen Fernsehens, www.bpb.de/publikationen/HOUWSK,0,0,Zusammenfassung_und_Fazit.html

Linktipp

- Die Studie zur Nahostberichterstattung findest du unter www.bpb.de (➜ „Themen" ➜ „Nahostkonflikt").

Grenzerfahrungen:
Gewalt auf beiden Seiten

Einblicke – Alltäglichkeiten – Normalitäten

Verhinderte Attentate

Die israelischen Soldaten, die die Checkpoints bewachen, riskieren ihr Leben. Ihre Aufgabe ist es, zu verhindern, dass Selbstmordattentäter nach Israel eindringen können. Sie erleben immer wieder, dass palästinensische Kinder für den Terror regelrecht „geopfert" werden:
Am 16. März 2004 stoppten israelische Soldaten am [...] Checkpoint Chowara einen 11-jährigen Jungen, der in einer Tasche eine Bombe trug. Vermutlich wusste er das gar nicht. Am 24. März kam ein 16-jähriger Junge an denselben Checkpoint. Er mogelte sich an den Wartenden vorbei und näherte sich den Soldaten. Die zogen sich hinter befestigte Stellungen zurück und befahlen ihm, sein Hemd auszuziehen. Es kam eine graue Weste zum Vorschein. [...] Dem Jungen stand die Angst ins Gesicht geschrieben. Er wolle sich nicht in die Luft sprengen, rief er den Soldaten zu. Aber es gelang ihm nicht, den Sprenggürtel abzustreifen. Eine hinzugerufene Pioniereinheit dirigierte einen Roboter mit Schere, mit der sich der Junge schließlich von der Bombe befreite.

— aus: Reiner Luyken, Patrouillen im Hinterhalt,
in: DIE ZEIT, Nr. 18/2004, S. 20.

Die palästinensische Studentin Thaura (27) wurde mit ihrem umgelegten Sprengstoffgürtel von den Israelis geschnappt – ein Kollaborateur hatte sie verraten und vorher den Sprengstoffgürtel entschärft. Sie wurde zu 6 Jahren Haft verurteilt. Dass ihr Attentat misslang, bereut sie. Den Auslöser für ihre Tat erklärt sie mit folgender Geschichte:
„Wenn es für mich ein Schlüsselerlebnis auf dem Weg zum Selbstmordattentat gab, dann war es die Erniedrigung meines Vaters." Soldaten hätten ihm an einem Checkpoint die Pistole an die Schläfe gehalten, ihn zum Niederknien gezwungen und dabei Obszönitäten gerufen.
„Und mein stolzer Vater hat sich nicht gewehrt, wohl weil er auf alle Fälle vermeiden wollte, dass sie sich auch an mir vergriffen." Sie schmunzelt, als würde sie jetzt von einem besonders gelungenen, besonders amüsanten Jugendstreich erzählen: „Da begann ich meine Operation ‚maximaler Verlust' – so nannte ich den Plan, möglichst viele Israelis mit meinem explodierenden Körper als Waffe auszulöschen."

— aus: Erich Follath, „Nah, so nah am Paradies",
in: Der Spiegel 25/2004, S. 116–118.

Projektvorschlag

⇨ **Welche Bilder oder Fernsehberichte zum Thema Nahostkonflikt haben dich bisher am meisten beeindruckt, schockiert oder verwundert? Beschreibe Bild und Situation möglichst kurz und verständlich auf einem Zettel und erkläre in wenigen Worten, warum sie dir im Gedächtnis geblieben sind. Sammelt diese Eindrücke in der Gruppe und wertet sie gemeinsam aus: Zeigen diese Bilder die ganze Wahrheit? Was zeigen die Bilder, was verschweigen sie?**

⇨ **Sammelt weitere Berichte von „Grenzerfahrungen" in Zeitungen, Zeitschriften usw. Vergleicht, auf welche Weise die Betroffenen mit ihren Erfahrungen umgehen (z.B. mit Hass, mit Humor oder schockiert). Achtet dabei auch immer darauf, wer seine Erfahrungen aus welcher Situation heraus schildert.**

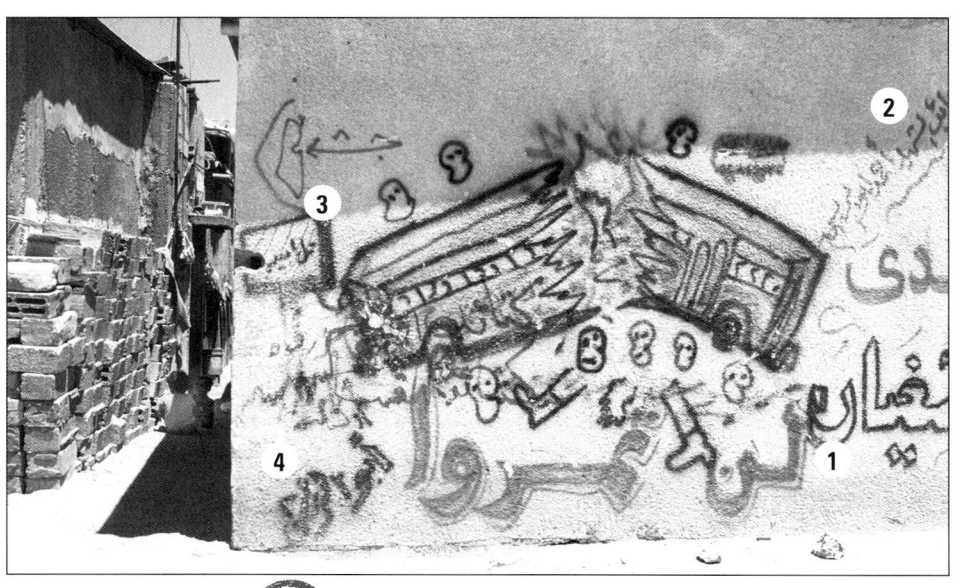

*Graffiti im Gazastreifen mit folgenden Aufschriften: ① „Mit Gewalt kommt ihr nicht durch"; ② „Kriegsopfer Abu Eliz" ③ „Tel Aviv" ④ Personenname
Foto: © www.photofactory.nl*

Selbstmordattentäter und Terroranschläge

S. 28/29, 34–36, 39–41 — Einblicke – Alltäglichkeiten – Normalitäten

Ein Netz aus „Terror und sozialer Wärme"

Palästinensische Selbstmordattentäter suchen in der Regel möglichst belebte Plätze, um so viele Menschen wie möglich umzubringen. Viele Selbstmordattentäter sind sehr jung. Sie werden in der Regel von terroristischen Organisationen gründlich „ausgebildet" und auf den Anschlag vorbereitet. Mahmud Kaddusi ist kein Einzelfall. So wie er denken und sprechen viele palästinensische Attentäter:

Mahmud Kaddusi hat [...] die Höchststrafe „lebenslänglich" bekommen [...] – als 16-Jähriger. Ein solches Urteil gegen einen Minderjährigen ist auch für die häufig sehr harte israelische Justiz ungewöhnlich. In der Begründung des Militärgerichts heißt es, man sei entsetzt über die Massenmord-Lust des jungen Mannes, seine kriminelle Unerbittlichkeit, seinen strikten Unwillen, das Verbrechen auch nur im Ansatz zu bereuen.

„Um gleich am Anfang eines klarzustellen: Ich schäme mich", sagt Mahmud mit seiner sanften, fast schüchternen Stimme. „Ich schäme mich, dass ich noch am Leben bin und es mir nicht gelungen ist, Dutzende Juden in den Tod zu reißen." [...] „Ich war noch nie drüben. Das Land unserer Feinde, unserer Okkupanten interessiert mich nicht", sagt Mahmud Kaddusi. „Mein Bezugspunkt ist Jerusalem, wo unsere Familie ihre Wurzeln besitzt." „Kaddusi" entspringt dem gleichen Wortstamm wie al-Kuds, der arabischen Bezeichnung für das heilige Jerusalem [...].

Seine Brüder schlossen sich der Hamas an, die in Tulkarm – wie überall im besetzten Land – nicht nur die brutale Gewalt gegen die Okkupanten [die Israelis] schürte, sondern den am Widerstand Beteiligten Geld für ihre Familien bot: ein Netz aus Terror und sozialer Wärme. Mit 14 schleppten sie auch den Jüngsten zu den Hamas-Treffs. „Kurz darauf habe ich beschlossen, mich als Schahid, als Märtyrer zur Verfügung zu stellen", sagt Mahmud. „Ich wollte meine Freunde rächen. Aber ich tat es vor allem aus Liebe zu Gott, der uns Opferbereiten den direkten Weg ins Paradies verspricht. Und für meine Familie, von der ich wusste, dass sie stolz auf mich sein würde."

– aus: Erich Follath, „Nah, so nah am Paradies", in: Der Spiegel 25/2004, S. 114.

Aufgaben

- Was genau ist in Mahmud Kaddusis Leben schiefgelaufen? Suche Hinweise im Text.
- Wer (welche Organisation) hat Mahmud zum Attentäter ausgebildet? Welche Rolle spielt diese Organisation heute in Palästina?
- Was fehlt vielen palästinensischen Jugendlichen, um sich gegen die Gehirnwäsche terroristischer Organisationen zu wehren? Überlegt und diskutiert gemeinsam.
- Warum steigt die Zahl der Attentate häufig gerade dann, wenn konkrete Friedensgespräche geführt werden? Was wollen die Terroristen damit erreichen?

Projektvorschlag

- Recherchiert nach islamistischen Terrorgruppen, die für die „Sache der Palästinenser" kämpfen. Nehmt dazu das Lesebuch „Israel und Palästina" und die Übersicht im Anhang S. 59 ff. zuhilfe.

Filmtipp (mit Einschränkung)

- **Paradise Now**, Regie: Hany Abu-Assad, PS/NL/F/D 2005 (siehe unbedingt auch www.paradise-no.de)

Politische Kundgebung in Gaza-Stadt (2000): Ein palästinensisches Mitglied der Al-Aksa-Brigade mit selbst gefertigten Raketen.
Foto: © www.photofactory.nl

Der „ganz normale" Alltag: *in Israel – I*

Einblicke – Alltäglichkeiten – Normalitäten

Jeder Israeli ...

Israelis haben Angst vor Bussen. Israelis halten ständig irgendwem den gesamten Inhalt ihrer Handtaschen oder Rucksäcke unter die Nase. Wenn Israelis ins Café gehen, dann tun sie es „trotzdem". „Lachaz" *(hebr. Druck, Stress)* ist eines der am häufigsten benutzten Worte. Jeder Israeli kann dir mindestens einen Bekannten, Nachbarn oder sogar Verwandten nennen, den er im Nahostkonflikt verloren hat.

Israel, seit [ca. 40] Jahren eine Besatzungsmacht, ist heute ein besetztes Land; die Okkupation ist virtuell, aber höchst effektiv. Kein palästinensischer Soldat steht an einer Straßenkreuzung und kontrolliert die Ausweise der Israelis, es ist die schiere Furcht vor dem kommenden Selbstmordanschlag, die den Leuten den Atem nimmt. Alle Wissen: Ein neuer „Märtyrer" mit einem Dynamitgürtel um den Bauch ist schon unterwegs und keiner weiß, wann und wo er die Zündung drücken wird. Das Warten auf das nächste Blutbad lähmt das Land und produziert zugleich eine ungeheure Wut [...].

— aus: Henryk M. Broder, In der Falle der Verzweiflung, in: Der Spiegel, Nr. 15/2002, S. 153.

Im Kampf gegen die palästinensische Intifada gab Israel Hunderte Millionen Dollar für die Sicherheit aus. Um die Mehrausgaben im Verteidigungshaushalt zu decken, kürzte Finanzminister Benjamin Netanjahu rigoros, auch bei den Kommunen. Selbst Gehälter wurden einbehalten. [...] Bislang kam [Sonja] Orlev [...] über die Runden, seit drei Monaten kann sie jedoch nachts nicht mehr schlafen. Die Stadtverwaltung [von Mitzpe Ramon, einer Stadt in der Negevwüste im Süden Israels, in der viele sozial schwache Familien und arme russische Einwanderer wohnen] hat ihr seit Juni keinen Lohn mehr überwiesen. „Meine Eltern schießen mir jetzt Geld zu", sagt sie. Das wenige Ersparte habe sie längst aufgebraucht und zum jüdischen Neujahrsfest vor einer Woche gab es diesmal keine Geschenke.

— aus: Thorsten Schmitz, Die Not im Schatten des Krieges, in: Süddeutsche Zeitung, Nr. 223/2004, S. 11.

Literaturtipp

⇨ Tim Dinter u.a.: **Cargo. Comicreportagen Israel – Deutschland**, Avant-Verlag 2005.
6 Comic-Reportagen vergleichen den Alltag in Israel und Deutschland.

Aufgaben

- **Restaurant-, Cafe- und Disco-Besuche sind für Israelis immer mit der Angst vor Attentaten verbunden. Sie verzichten trotzdem nicht komplett auf das gesellschaftliche und kulturelle Leben. – Ist es Trotz, Leichtsinn, Verdrängung der Gefahr oder von allem ein bisschen? Diskutiert, welche Gefühle und Einstellungen Israelis in ihrem Alltagsleben begleiten könnten.**
- **Wie würdet ihr mit der ständigen Gefahr eines möglichen Anschlags umgehen? Auf welche Aktivitäten könntet ihr auf keinen Fall verzichten?**

Strand von Tel Aviv. Für Außenstehende ist die ständige Angst der Israelis vor Anschlägen nicht immer auf den ersten Blick zu erkennen.

Der „ganz normale" Alltag: in Israel – II

Einblicke – Alltäglichkeiten – Normalitäten

Die folgenden Ausschnitte aus Zeitungsartikeln und Berichten der letzten Jahre vermitteln einen Eindruck von der Situation und den Gefühlen der Menschen in Israel.

[Während der Intifada 2000–2005:]
Der Gang zum Supermarkt wird zum Heldenakt. Am Käsestand die nächste Horrornachricht im Radio: ein Anschlag auf ein Restaurant in Haifa. 15 Tote, darunter zwei Familien und ein Palästinenser mit israelischer Staatsbürgerschaft. Die Verkäuferin wischt sich die Tränen aus dem Gesicht und fragt tapfer: „Was darf's denn sein?"
Von Normalität kann keine Rede mehr sein. Seine Schwester wolle ihn besuchen, erzählt ein Freund, der vor vielen Jahren aus Österreich eingewandert ist. „Ich habe ihr gesagt, wenn es ihr nichts ausmacht, mit uns daheim zu sitzen, dann ist sie willkommen." Die einzigen Restaurants, die noch Geschäfte machen, sind jene, die Mahlzeiten nach Hause liefern. Wer dennoch ausgeht, bezahlt einen Schekel Gebühr für den Sicherheitsmann an der Tür.

— aus: Gisela Dachs, Die Angst vorm Tod im Kaffeehaus, in: DIE ZEIT, Nr. 15/2002, S. 3.

In Israel sind die Menschen seit langem trainiert, die Augen offen zu halten. Bei Open-Air-Konzerten wird häufig über Lautsprecher noch einmal aufgefordert, um sich herum zu schauen, ob irgendwelche Taschen oder Behälter ohne offenkundigen Besitzer herumstehen. Eine einsame Tasche ist von vornherein verdächtig. Öffentliche Papierkörbe gibt es nicht. Es gibt Tage, an denen die Dizengoff, eine der großen Straßen Tel Avivs, mehrmals abgesperrt wird, weil man sich nicht sicher war, ob ein Objekt vielleicht eine Bombe sein könnte. Eltern, die es sich leisten können, fahren ihre Kinder mit dem Auto zur Schule, weil jeder Bus ein potenzielles Ziel ist. [...]
Israelis gehen weiterhin in die Cafés oder Restaurants, aber viele versuchen, eines auszuwählen, das an einer kleinen, wenig befahrenen Straße liegt oder keine Glasfront hat, weil dann der Wachmann vor der Tür den Attentäter hoffentlich noch aufhalten kann. Man setzt sich in die Ecken oder mit dem Rücken zur Wand.

— aus: Petra Steinberger, Die alltägliche Unsicherheit, in: Süddeutsche Zeitung, Nr. 86/2004, S. 15.

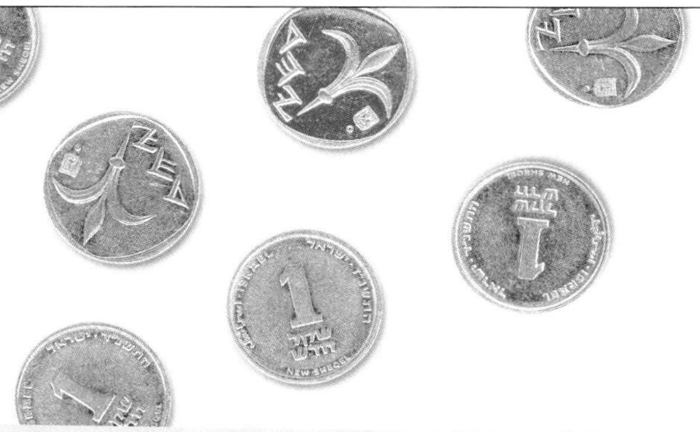

Jeder reagiere anders in diesen Tagen, aber alle fühlen, dass es „nie mehr so wird, wie es eben noch war", sagt Rafi, ein junger Computertechniker, der in einem Geschäft in der [Jerusalemer] Innenstadt arbeitet. Früher ist er mit dem Bus in die Stadt gefahren, heute nimmt er sein Auto, achtet aber darauf, nicht hinter oder vor einem Bus zu fahren: „Wenn ich einen Bus vor mir oder im Rückspiegel sehe, biege ich sofort ab." Weil aber immer noch viele Busse unterwegs sind, kurvt Rafi im Zickzack durch die Stadt und braucht viel Zeit, bis er endlich, vollkommen geschafft, an seinem Arbeitsplatz ankommt.

— aus: Henryk M. Broder, In der Falle der Verzweiflung, in: Der Spiegel, Nr. 15/2002, S. 153.

[...] ich konnte nicht umhin, den Blick jenes Nachbarn auf die Tatsache zu lenken, dass auf das Café, in dem wir jeden Morgen aufeinandertrafen, vor weniger als einem Jahr ein Selbstmordattentat verübt worden war. Und auch jenes, das wir davor immer aufgesucht hatten, war Opfer eines mörderischen Terroranschlags geworden, was zu seiner Schließung führte. Sollte er also wirklich darauf aus sein, sich irgendeine existenzielle „extra protection" zu verschaffen, wäre es besser für ihn, [sein] Geld für den Erwerb einer häuslichen Espressomaschine anzulegen.

— aus: Etgar Keret, Funkelnagelneue Angst, aus dem Hebräischen von Barbara Linner, in: DIE ZEIT, Nr. 14/2003.

Der „ganz normale" Alltag:
in den palästinensischen Gebieten – I

Einblicke – Alltäglichkeiten – Normalitäten

Jeder Palästinenser ...

Palästinensische Kinder spielen „Juden gegen Araber" auf den Straßen. Eng, blockiert und nervtötend ist das Leben in den besetzten Gebieten. Den Jugendlichen fehlt es an Perspektiven. „Allah" ist eines der am häufigsten um Hilfe, Beistand oder Vergeltung angerufenen Worte. Jeder Palästinenser kann dir mindestens einen Bekannten, Nachbarn oder sogar Verwandten nennen, den er im Nahostkonflikt verloren hat.

Außenstehende vergessen manchmal, dass Palästinenser und Israelis von klein an Tag für Tag in und mit dem Konflikt leben müssen.

Ein Tag in Rafah genügt, um festzustellen, dass das hervorstechendste Merkmal des Alltags eine lähmende Langeweile ist. Umzingelt von Grenzen, Siedlungen und Panzern, gibt es wenig Fluchtmöglichkeiten. Die Wirtschaft im Gazastreifen ist kollabiert, in Rafah sind achtzig Prozent der Einwohner arbeitslos. Unzählige Kinder spielen auf der Straße, ihre Väter schauen teilnahmslos zu. Saba hat ihre drei Kleinen in ein Ferienlager geschickt – „damit sie nicht auf dumme Gedanken kommen". Sie macht sich große Sorgen, die Hoffnungslosigkeit könne ihre Kinder den „Widerstandskämpfern" in die Hände treiben. Auch weil deren Ferienaktivitäten gerade für kleine Jungen attraktiv sind. „Gestern kam Mohammed nach Hause und wollte nächstes Jahr in ein Ferienlager, wo man schießen lernt."
Heute kommt der Bub jedoch vergnügt zurück. Der Lehrer habe ihnen gezeigt, wie man aus Müll einen Drachen baut, „der wirklich fliegt". Als sie auf der Straße dann „Juden gegen Araber" spielten, wollte Mohammed gern zu den Juden gehören. „Sie ließen mich aber nicht", beschwert er sich. Warum? „Ich bin zu klein und zu schwach." Der Siebenjährige hält sich verlegen ein Kissen vors Gesicht.

— aus: Michael Borgstede, Eiscreme, Falafel, Schokolade, in: FAZ, Nr. 36/2004, S. 8.

[Im April 2002, während der von der israelischen Armee verhängten Ausgangssperre über die palästinensische Stadt Bethlehem:] *Die Familie al-Delo ernährt sich von Dosenthunfisch und Marmeladenbroten. „Wir sitzen hier wie im Gefängnis", sagt Hassan. „Mit dem Unterschied, dass man im Gefängnis Essen bekommt." Seine Frau Rita winkt ab. Der Familie sei der Appetit eh vergangen, sagt sie. Tochter Ifat war kurz davor, ihr Abitur zu machen. „Eigentlich wollte ich Elektronik studieren", sagt die 17-Jährige. „Aber wie soll ich mir nach all dem meine Zukunft vorstellen?" Sie sitze hier eingeschlossen im Haus und verfolge im Fernsehen, was um sie herum geschieht. „Ich fühle mich wie tot, obwohl mein Herz, das voller Wut ist, noch schlägt", sagt Ifat. Sie könne verstehen, erklärt sie, wenn Mädchen ihres Alters sich einen Sprengstoffgürtel umschnallen und Soldaten in die Luft jagen würden. Schließlich seien das jene Leute, die die Befehle [des israelischen Ministerpräsidenten] Scharon ausführen. „Vielleicht ist das die einzige realistische Antwort auf das, was sie mit uns machen."*

— aus: Karim el-Gawhary, „Ich fühle mich wie tot", in: die tageszeitung vom 16. April 2002, S. 3.

Aufgaben

⇨ Vergleiche den Alltag in Israel und in den besetzten Gebieten. Wo würdest du lieber leben, wenn du vor die Wahl gestellt würdest? Warum?

⇨ Überlege, was genau sich in Ifats Leben alles ändern muss, damit sie voller Überzeugung sagen kann, dass ein Selbstmordattentat ein niemals zu rechtfertigendes Verbrechen ist. – Mache konkrete Vorschläge. Können diese Vorschläge in die Realität umgesetzt werden? Wie?

Filmtipp

⇨ ***Rana's wedding/Ranas Hochzeit***, Regie: Hany Abu-Assad, PS 2002, OmU

Literaturtipp

⇨ Joe Sacco, **Palästina**, Zweitausendeins, 2004 – Eine Comic-Reportage über den Alltag der Palästinenser.

Der „ganz normale" Alltag:
in den palästinensischen Gebieten – II

Einblicke – Alltäglichkeiten – Normalitäten

Die folgenden Ausschnitte aus Zeitungsartikeln und Berichten der letzten Jahre vermitteln einen Eindruck von der Situation und den Gefühlen der Menschen in den palästinensischen Gebieten.

[Während der erneuten Besetzung einiger Stadtviertel von Ramallah im Dezember 2001:] *Morgens, gegen halb fünf, fragte Salim mich, ob ich einen Cappuccino wolle. Schlaftrunken antwortete ich: „Gut, warum nicht?" Plötzlich fiel mir ein, dass die israelischen Soldaten beim letzten Mal wirklich direkt vor unseren Küchenfenstern gestanden hatten. Also lief ich in die Küche und bat Salim, vorsichtig zu sein, denn die lärmende Maschine kann äußerst gefährlich werden. [Die Soldaten könnten die Geräusche z.B. für Schüsse halten und dann „zurückfeuern".] Später an diesem Vormittag beklagte sich Salim unaufhörlich, dass er sein Leben riskiert habe, nur um mir einen Cappuccino zu machen. [...]*

— aus: Suad Amiry, Sharon und meine Schwiegermutter – Tagebuch vom Krieg aus Ramallah, Palästina, aus dem Italienischen von Annette Kopetzki, Fischer, 2004, S. 30.

Also ging ich wieder hinein und überlegte, wie man sich auf eine Hausdurchsuchung vorbereitet. [...] Wahrscheinlich werden sie die Eingangstür aufsprengen, bevor ich sie öffnen kann. Vor mir taucht das Bild der Mutter in Bethlehem auf, die mit ihrem Sohn erschossen wurde, während sie die Tür zur Veranda öffnen wollte. Unsere Veranda sieht genauso aus. Ich lege die Hosen neben meinem Bett auf den Boden und nehme meinen jordanischen Pass und den Personalausweis aus der Handtasche. Die CD von Pavarotti lege ich auf das kleine Kaffeetischchen im Wohnzimmer. Das Buch von Muhammad Arkun, „Geschichte des arabisch-islamischen Denkens", nehme ich von meinem Nachttisch und lege stattdessen den Roman „Das Mädchen mit dem Perlenohrring" von Tracy Chevalier dorthin.

— aus: Suad Amiry, Sharon und meine Schwiegermutter – Tagebuch vom Krieg aus Ramallah, Palästina, aus dem Italienischen von Annette Kopetzki, Fischer, 2004, S. 65–66.

Wer in Ramallah der Realität entfliehen will, der geht ins neue „arabisch-palästinensische Einkaufszentrum". Dort gibt es Marmor, Rolltreppen, Schuhgeschäfte, einen reichhaltig sortierten Supermarkt, Wassermassage, Benetton und Cappuccino. Abends ist der Andrang besonders groß. „Unsere Geschäftsleute wären viel eher in der Lage, einen Staat aufzubauen, als unsere Politiker", sagt ein Palästinenser, der sich hier regelmäßig klimatisierte Atemluft verschafft.

— aus: Gisela Dachs, Arafats Kritiker leben gefährlich, in: DIE ZEIT, Nr. 38/2004, S. 14.

In seinem eigenen Wohnviertel in Gaza-Stadt, so berichtet Shafi, fließe bereits seit sechs Wochen kein Wasser mehr aus den Leitungen. Eine Beschwerde beim Bürgermeister habe eine erstaunliche Auskunft erbracht: Bewaffnete Banditen leiteten das Wasser um und schlügen die Polizisten in die Flucht. Als Ausweg habe der Bürgermeister den betroffenen Familien vorgeschlagen, ihrerseits Hilfstruppen zu mobilisieren – oder einfach einen Brunnen zu graben. Anarchische Verhältnisse.

— aus: Gisela Dachs, Arafats Kritiker leben gefährlich, in: DIE ZEIT, Nr. 38/2004, S. 14.

Projektvorschlag

- **Vergleicht die Berichte über den Alltag in den besetzten Gebieten mit den Berichten über den Alltag in Israel. – Gibt es ähnliche Situationen, Probleme oder Ängste?**
- **Arbeitet in kleinen Gruppen: Schneidet die Berichte aus und ordnet sie auf einer großen Pappe in zwei gegenüberliegenden Spalten (Israel – palästinensische Gebiete) an. Klebt jeweils Berichte, die vergleichbare Situationen oder Probleme beschreiben, nebeneinander. Ihr könnt dabei wichtige Stichworte farbig markieren. Diskutiert anschließend in der großen Gruppe, warum ihr eure Gegenüberstellung so und nicht anders angeordnet habt. Diskutiert auch über Unterschiede.**

Die jüdischen Siedlungen und die Siedler – I

Seiten 26/27 — Einblicke – Alltäglichkeiten – Normalitäten

Die nationalreligiösen Siedler

Im Westjordanland liegen viele, den Juden heilige biblische Plätze. Die nationalreligiösen Fanatiker, die in diesen palästinensischen Gebieten siedeln, streben danach, ein ganz neues „Großisrael" aufzubauen: eine Art Gottesstaat, streng nach dem jüdischen Religionsgesetz, ohne Demokratie. Vielen der israelischen Soldaten, die die Siedlungen vor palästinensischen Angriffen beschützen, sind diese orthodoxen Siedler in ihrer ganzen Kultur und Lebensweise mindestens ebenso fremd und unverständlich wie die palästinensischen Attentäter.

Die unpolitischen Siedler

Die Mehrheit der Siedler lebt nicht aus religiöser oder politischer Überzeugung, sondern ganz einfach aus finanziellen Gründen in den besetzten Gebieten im Westjordanland: Wohnraum ist günstiger und zusätzlich gibt es finanzielle Unterstützung vom Staat. Viele junge Familien und auch viele Neueinwanderer könnten sich ein entsprechendes Leben in Israel selbst nicht leisten.

Illegale Siedlungen und Machenschaften

Ein Teil der laut UN-Sicherheitsrat illegalen Siedlungen im Westjordanland sind sogar nach israelischem Gesetz illegal. Trotzdem wird weiter gebaut und es gibt Menschen, die gerade in den letzten Jahren aus politischen Gründen in diese Siedlungen ziehen.

Migron findet sich auf keiner offiziellen Israel-Karte. Dennoch leben in diesem umzäunten Ort gut vierzig streng nationalreligiöse Familien seit [2002] auf einem Hügel östlich von Ramallah. [...] Dror Etkes [Mitglied der Gruppe „Schalom Achschaw – Frieden jetzt"] zählt mehr als 100 ungenehmigte Siedlungen, die nicht nur nach dem Völkerrecht, sondern auch nach dem israelischen Gesetz illegal sind. [...] Die Siedler spielen mit dem Staat. Seit 1991 wächst Rahelim östlich von Ariel als zunächst illegaler Außenposten zu einer illegalen Siedlung heran. Ein ordentliches Straßenschild weist von der nur den Siedlern vorbehaltenen Hauptstraße den Weg dorthin. Poster am Straßenrand werben für den Kauf von Boden und Villen: gute Preise, gute Luft, herrlicher Ausblick auf verwunschene arabische Ortschaften in sicherer Ferne. Um die eigene Existenz nicht zu gefährden, stellte die illegale Gemeinde Rahelim auf zwei planierte Stücke Land in ihrer Nachbarschaft weitere Container für zwei neue Außenposten. „Wäre Rahelim legal, dann würde es diese beiden Nachbarschaften als Teil seiner Siedlung ausgeben", erklärt Dror Etkes. „Da Rahelim aber ein verbotener Ort ist, sind für ihn diese beiden Posten Verhandlungsmasse für den Streit mit dem Staat. Rahelim wird bereit sein, diese beiden Nachbarschaften aufzulösen, um dafür Rahelim rechtlich anerkannt zu bekommen", sagt der Sprecher von „Frieden jetzt". Damit hätten beide Seiten ihr Gesicht gewahrt – und die Siedler siegen.

— aus: Jörg Bremer, Das Spiel der Siedler mit dem Staat, in: FAZ vom 13. Oktober 2004, S. 3.

Westjordanland – lediglich die dunkelgrau hervorgehobenen Gebiete stehen formell unter der autonomen Verwaltung der Palästinenser. Der Rest des Landes wird gemeinsam oder allein von Israel verwaltet.

[Der Amerikaner] *Chaim und* [seine deutsche Frau] *Jael sind* [2001 mit ihren Kindern] *nach Efrata gezogen, eine Siedlung 20 Kilometer südlich von Jerusalem. „Es ist unser Beitrag zum Kampf gegen den Terrorismus, jetzt kommt es darauf an, so viele Israelis wie möglich in die Siedlungen zu bringen." In Efrata leben 6.000 Menschen, die Hälfte von ihnen sind Einwanderer aus den USA.*

— aus: Henryk M. Broder, In der Falle der Verzweiflung, in: Der Spiegel, Nr. 15/2002, S. 153.

Aufgaben

- Chaim und Jael wollen offenbar gegenüber den Palästinensern „Stärke zeigen". Was könnten ihre Motive sein? Was hältst du von ihrer Entscheidung?
- Wann und warum wurden die ersten Siedlungen gegründet? Waren sie ursprünglich als Wohnorte gedacht? Wer waren die ersten Siedler? Lies dazu im Lesebuch „Israel und Palästina", S. 26/27.

Die jüdischen Siedlungen und die Siedler – II

Seiten 26/27, 38–41   Einblicke – Alltäglichkeiten – Normalitäten

„Land gegen Frieden"

Die Räumung der jüdischen Siedlungen in den von Israel besetzten Gebieten war und ist ein ganz wichtiger Streitpunkt in allen Friedensverhandlungen. „Land gegen Frieden" lautet das Stichwort. Als Bedingung des 1978 geschlossenen Friedensabkommens zwischen Ägypten und Israel, räumte Israel 1982 bereits sämtliche Siedlungen auf der ägyptischen Sinai-Halbinsel. In den israelisch-palästinensischen Friedensverhandlungen zu Beginn der 1990er Jahre wurde (wenn auch nicht offiziell) über die Räumung der jüdischen Siedlungen in den palästinensischen Gebieten diskutiert. Die jüdischen Siedlungen im Gazastreifen wurden 2005 geräumt und zurückgegeben. Regelmäßige Umfragen beweisen, dass die Mehrheit der Siedler im Rahmen eines Friedensprozesses auch zur Aufgabe der jüdischen Siedlungen im Westjordanland bereit ist. Viele der dort lebenden Familien haben allerdings sämtliche Ersparnisse in ihre Häuser und Wohnungen gesteckt. Erst wenn der israelische Staat ihnen eine angemessene Entschädigung zahlt und ihnen ein neues Zuhause bietet, werden sie die Siedlung tatsächlich verlassen.

Räumung des Gazastreifens

Bis August 2005 lebten im Gazastreifen etwa 8.000 jüdische Siedler. Auf Beschluss der israelischen Regierung („Scharon-Plan") mussten sie ihre Siedlungen räumen und das Land wurde den Palästinensern zurückgegeben. Die Häuser wurden in gemeinsamem Einverständnis abgerissen. Der Bau neuer palästinensischer Wohnsiedlungen soll dort Arbeitsplätze schaffen. Israels Militär kontrolliert weiterhin die Grenzen, die Küste und den Luftraum. Die Grenze zwischen Gazastreifen und Ägypten wird von ägyptischem Militär kontrolliert.

Kurz nachdem der Abzug aus dem Gazastreifen endgültig beschlossen war, wurde der jüdische Siedler Socrate Soussan im Gazastreifen interviewt:
Socrate Soussan [aus der inzwischen abgerissenen Siedlung Rafach-Jam] glaubt nicht daran, dass sich nach einem Abzug die Sicherheitslage Israels verbessern werde. „Aber wir müssen trotzdem gehen", sagt er, weil der Preis zu hoch sei, um Gaza zu halten. „Die Palästinenser haben ein Recht auf einen eigenen Staat und werden von den Vereinigten Staaten und Europa unterstützt, von denen wir abhängen." Deshalb habe Scharon mit seinem Abzugsplan Recht. Es sei nur schade, dass der Rückzug kein Schritt zum Frieden, sondern zur Trennung in Feindschaft sei.
– aus: Gisela Dachs, Trennung in Feindschaft, in: DIE ZEIT, Nr. 30/2004, S. 7.

Israels Siedlungspolitik

Die Siedler machen insgesamt nur einen sehr kleinen Teil der israelischen Bevölkerung aus: etwa 4%. Die nationalreligiösen Fanatiker unter ihnen haben aber einen großen Einfluss auf Israels Politik. Kritiker des ehemaligen israelischen Ministerpräsidenten Ariel Scharon befürchten, dass sein „Scharon-Plan" zum Rückzug aus dem Gazastreifen ein Trick war: Er wollte die Welt so davon ablenken, dass im Westjordanland nach wie vor neue Siedlungen gebaut werden und sich dort immer mehr nationalreligiöse Juden Grundstücke sichern.

Projektvorschlag

➲ **Verfolgt die Diskussionen über die Räumung von jüdischen Siedlungen in den aktuellen Nachrichten. Sammelt Bilder und Zeitungsausschnitte und erstellt daraus einen eigenen Bericht.**
➲ **Das Auswärtige Amt rät Touristen bis auf weiteres dringend davon ab, in den Gazastreifen zu reisen (Stand: April 2006). Recherchiert, ob sich bis heute an dieser Warnung etwas geändert hat. Was steht in den Reiseempfehlungen?**

Linktipp

⇨ *Aktuelle Karten der jüdischen Siedlungsgebiete im Westjordanland findest du unter www.fmep.org (in engl.)*

Werbeplakat für einen jüdischen Wohnblock auf palästinensischem Gebiet bei Ostjerusalem. Die Wohnungen und Penthouses sind ab Frühjahr 2007 bezugsfertig. (www.nofzion.co.il)

Palästinensische Flüchtlinge und Flüchtlingslager

Einblicke – Alltäglichkeiten – Normalitäten

4 Millionen Flüchtlinge

Als „Flüchtlinge" gelten nach internationalem Recht diejenigen Palästinenser und ihre Nachkommen, die während des Krieges 1948/49 aus ihren Heimatorten flüchteten. Häufig werden sie auch als „Palästina-Flüchtlinge" bezeichnet. Ihre Zahl beträgt heute weltweit mehr als 4 Millionen. Die palästinensischen Flüchtlinge leben im wesentlichen verteilt auf den Gazastreifen und das Westjordanland (insgesamt etwa 1,5 Millionen), Jordanien (ca. 1,7 Millionen), Libanon (ca. 390.000) und Syrien (knapp 400.000).

– Quelle: die Zahlen sind entnommen aus: Dietmar Herz, Palästina. Gaza und Westbank, C.H. Beck 2003, S. 102 ff.

Palästinensische Kinder (vermutlich keine Flüchtlinge) in Dschenin, Westjordanland 2002. An die Stadt Dschenin grenzt ein großes UN-Flüchtlingslager an.

Projektvorschlag

- Die Rechtsstellung der Flüchtlinge ist im Rahmen der Genfer Flüchtlingskonvention geregelt. Recherchiere, was die Genfer Flüchtlingskonvention ist und wie dieses Abkommen Flüchtlinge und ihren Status definiert.
- Inwiefern sind die arabischen Nachbarländer mitverantwortlich für die Situation der Palästinenser? Was tun sie heute für die Palästinenser? Nimm das Lesebuch „Israel und Palästina" S. 18/19 zuhilfe und informiere dich über Flüchtlingslager in arabischen Ländern unter www.dradio.de/dlf/sendungen/hintergrundpolitik/479221/ (den Radiobeitrag vom 14.03.2006 „Zwischen Hoffnung und Resignation" von Heiko Wimmen kannst du dir im Internet auch anhören).

Linktipp

- *Informationen zur UNRWA, einer Unterorganisation der Vereinten Nationen, die sich für palästinensische Flüchtlinge einsetzt, Karten und Fotos findest du unter www.unrwa.org (engl.), mehr Informationen zu Flüchtlingen und zur Genfer Flüchtlingskonvention findest du unter www.unhcr.de*

Flüchtlingslager

Im Gazastreifen leben mehr als die Hälfte, im Westjordanland mehr als ein Viertel der insgesamt 1,5 Millionen Flüchtlinge immer noch in so genannten Flüchtlingslagern. Die meisten dieser ehemaligen Zeltlager sind inzwischen zu festen Betonwohnblöcken ausgebaut worden. Eine verlässliche und regelmäßige Strom- und Wasserversorgung kennen die dort lebenden Menschen aber nicht. Etwa 40 % sämtlicher Wohnungen im Gazastreifen – darunter vor allem die Flüchtlingslager – sind auch nicht an das Abwassersystem angeschlossen.

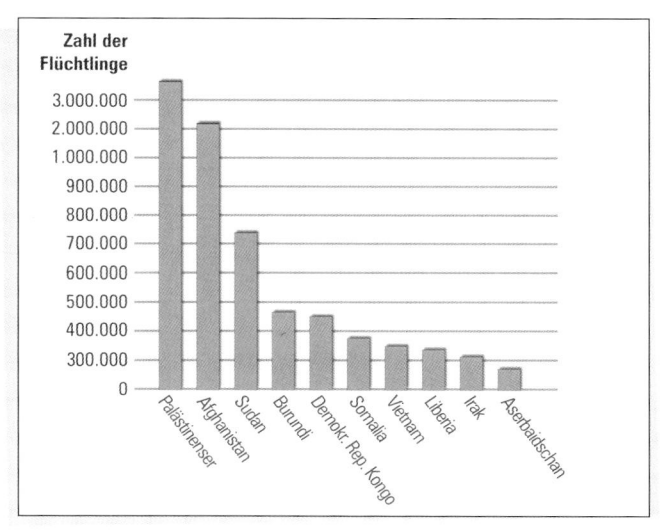

– Quelle: UNHCR Schätzungen 2004

Lebensbedingungen im Gazastreifen

Im Gazastreifen herrscht eine gefährliche Wasserknappheit. Jährlich wird dort mehr Grundwasser abgepumpt, als sich auf natürliche Weise erneuern kann. Dieses Überpumpen hat zur Folge, dass inzwischen nur noch kontaminiertes, gesundheitsschädliches Wasser aus den Leitungen fließt. Das Wasser ist ölig, salzig, von brauner Farbe und beim Duschen hinterlässt es kein angenehmes Gefühl auf der Haut. Trinkwasser muss literweise gekauft werden. 60% der Familien im Gazastreifen leben in Armut. Viele können sich das teure frische Trinkwasser kaum leisten. Hilfsorganisationen haben deshalb vielerorts öffentliche Wasserzapfstellen mit gereinigtem Wasser aufgestellt. Die aller ärmsten Palästinenser in den Flüchtlingslagern benutzen aber – weil sie es nicht besser wissen oder weil sie keinen Zugang zu solchen Wasserzapfstellen haben – schlechtes Wasser zum Trinken, Kochen und Waschen und vergiften sich damit allmählich. Entsalzungsanlagen, die Meerwasser in Trinkwasser umwandeln können, werden nicht gebaut, weil insgesamt zu wenig Palästinenser das so zubereitete Wasser kaufen würden.

Eine Mauer trennt das Land –
Sicherheit oder Apartheid?

Perspektiven – Dialog – Kooperation

Die israelische Sperranlage

Die Israelis nennen es „Sicherheitszaun", die Palästinenser „Apartheid-Mauer". Tatsächlich besteht die israelische Sperranlage, deren Bau 2003 begonnen wurde, nur zu 5% aus Betonmauer, der Rest sind Zäune und eine freie Pufferzone von bis zu 60 Meter Breite. Abertausende von Olivenbäumen mussten für die Anlage gefällt werden. Der Sperrzaun verläuft nicht entlang der „grünen Linie", d.h. der Grenze von vor 1967, sondern an vielen Stellen durch palästinensisches Gebiet: So wurden über 50 jüdische Siedlungen auf die sichere israelische Seite gebracht, palästinensische Bauern hingegen haben ihre Felder und damit ihre Lebensgrundlage verloren. Palästinensische Dörfer wurden geteilt und ihre Bewohner damit voneinander getrennt – für die Palästinenser bedeutet die Mauer eine Katastrophe. Etwa 650 Kilometer lang ist der Sperrzaun insgesamt. Bis Ende 2006 sollen die noch fehlenden Teilstücke fertiggestellt werden (Stand: April 2006).

Das ursprüngliche Ziel der Abtrennung besteht nicht darin, eine politische Grenze zu schaffen, sondern eine Sicherheitsgrundlage für einen allmählichen Rückzug der Israelis aus den besetzten Gebieten – tatsächlich wird dadurch aber eine deutliche Grenze geschaffen, die ganz sicher eine große Rolle in allen zukünftigen Verhandlungen um die Grenzen des palästinensischen Staates spielen wird. Der internationale Gerichtshof in Den Haag hat die Sperranlage wegen ihres Grenzverlaufs im Juli 2004 für völkerrechtswidrig erklärt. *(Auf die Durchsetzung völkerrechtlicher Grundsätze im Nahen Osten verzichtet die internationale Gemeinschaft allerdings bereits seit Jahrzehnten im Interesse des Friedens.)*
Tatsache ist, dass die Zahl der Selbstmordattentate seit dem Bau der Mauer gesunken ist.

Ein „Friedenszaun"?

Der Israeli Avi Ochajon hat seine Frau und zwei Kinder verloren, weil ein palästinensischer Attentäter ungehindert in ihr Haus eindringen konnte. Er will, wie viele Israelis, dass die Europäer endlich verstehen, dass der Sicherheitszaun nicht gebaut wird, um Palästinenser zu schikanieren, sondern um Leben zu retten:
„Der Zaun ist keine Dauerlösung. Er trennt nicht Palästina und Israel, sondern Palästinenser und Israelis. Er sorgt einfach für Ruhe. Wir dürfen in unseren Bussen, unseren Einkaufszentren, unseren Cafés keine Angst mehr haben." Erst wenn sich die Israelis wieder entspannen könnten, könnten sie sich dem Leid der anderen zuwenden. Nur aus dem Gefühl der Sicherheit könne der Wille zum Frieden entstehen. Der Sperrzaun ein „Friedenszaun"? „Ein Zaun, der Leben rettet, das ist doch schon viel, oder?" Die Mehrheit der Israelis denkt so. Die Nöte der Palästinenser? Sie kümmern niemanden, wenn man ständig Angst hat, jederzeit in die Luft gejagt werden zu können.

— aus: Richard Chaim Schneider, Zaun der Zwietracht,
in: DIE ZEIT, Nr. 2/2005, S. 14.

Der jüdische israelische Psychologieprofessor Dan Bar-On äußert heftige Bedenken:
[Es ist] möglich, dass die israelische Mauer nicht den gedachten Zweck erfüllen wird (Sicherheit für Israel zu schaffen). Mehr noch, sie könnte außerdem auch für die Israelis – und nicht nur für die Palästinenser – der Eckstein für die Konstruktion eines riesigen neuen Ghettos werden, von dem aus man sich nur noch in eine Richtung bewegen kann – nach Westen zum Meer. Deshalb wäre es gut, wenn die Israelis jetzt einhalten und nachdenken würden, ob es wirklich das ist, was sie wollen, bevor es zu spät ist.

— aus: Dan Bar-On, Die Mauer stoppt auch die Israelis,
in: Süddeutsche Zeitung, Nr. 45/2004, S. 2.

Die durch Jerusalem verlaufende Mauer trennt hier nicht Israelis von Palästinensern, sondern die Verwaltungsgebäude der Ostjerusalemer palästinensischen Al-Quds-Universität von dem im Westjordanland gelegenen Uni-Campus. Studenten müssen an den von Israelis kontrollierten Grenzübergängen regelmäßig Schlange stehen.

Aufgabe
➲ Dan Bar-On spielt in seinem Artikel auch auf das Ziel der arabischen Israel-Gegner an, die Israelis allesamt „ins Meer zu treiben". Welche Gefahr sieht er in der Mauer?

Linktipps
➩ Auf der Seite http://stopthewall.org findest du Karten zum genauen Verlauf der Trennmauer. Fotos findest du auch unter www.palaestina.org

Der Nahostkonflikt auf der Couch – I

Seiten 16–19, 36/37, 40/41 — Perspektiven – Dialog – Kooperation

Ein traumatisiertes Land

Der israelische Psychotherapeut Yoram Yovell behandelt Patienten, die unter der alltäglichen Terrorgefahr, Krieg und den Erinnerungen an den Holocaust leiden.

Das Ausmaß an Bedrohung, der Israelis täglich ausgesetzt sind, lässt sich mit europäischen Verhältnissen nicht annähernd vergleichen. Doch das heiße nicht, dass jeder Israeli therapiert werden müsse, sagt Yovell. Das Leben verlaufe – anders als die Fernsehbilder suggerieren – „erstaunlich normal". Die meisten Menschen besäßen den Willen und die Stärke, einfach weiterzumachen. Dieses Durchhaltevermögen führt der Psychotherapeut einerseits auf das Gefühl vieler Israelis zurück, keine andere Wahl zu haben; zum anderen sei es ein Erbe des Holocaust. „Wir Juden sind nicht in erster Linie nach Israel gekommen, um sicher, sondern um frei zu sein." [...]

Israel ist – so makaber das klingt – ein ideales Land für Traumaforscher. Laufend werden dort Daten über posttraumatische Stressreaktionen, ihre Behandlung und die Faktoren zusammengetragen, welche die Entwicklung des Syndroms begünstigen. Traumata erschweren nach Yovells Ansicht auch eine Lösung des herrschenden Palästina-Konflikts. Beide Seiten, Juden und Araber, seien im klinischen Sinn traumatisiert. „Alle sind im Grunde Flüchtlinge oder Vertriebene oder Nachkommen von Flüchtlingen und Vertriebenen." Emotionen spielen für sie eine wichtigere Rolle als Tatsachen. „Die Palästinenser leiden unter einem tiefen Gefühl von Hilflosigkeit, das sie dazu treibt, schreckliche Dinge zu tun." Die Juden wiederum nähmen sich trotz ihrer Stärke nicht als die stärkere Seite wahr. Das habe allerdings auch mit der politischen Führung zu tun, die das Land zwar als regionale Supermacht anpreise, zugleich aber eine tiefe Existenzangst schüre. Das Resultat: Beide Seiten sehen sich als Opfer, während sie sich dem anderen gegenüber als Täter verhielten. Yovell bedauert zutiefst, dass [...] in den letzten Jahren auch die Fähigkeit zum Mitgefühl für die andere Seite geschwunden sei. „Die meisten Palästinenser freuen sich, wenn Juden getötet werden, unabhängig davon, wer diese Juden waren. Darauf wiederum reagieren die (jüdischen) Israelis sehr stark." Bei ihnen wachse die Gleichgültigkeit gegenüber dem palästinensischen Leid. Eine Lösung, glaubt Yovell, könne nur von den Politikern kommen – wie das einst Rabin und Sadat vorgemacht hätten. „Nur jemand, der bewiesen hat, dass er die Ängste seines Volkes versteht, kann sie ihm nehmen."

— aus: Gisela Dachs, Therapie der Extreme, ein Interview mit Yoram Yovell über sein Buch „Der Feind in meinem Zimmer", in dem er anhand von Fallbeispielen die Auswirkungen des Nahostkonflikts auf die Psyche seiner Landsleute beschreibt, in: DIE ZEIT, Nr. 16/2004, S. 36.

Aufgaben

- Wie erklärt der Psychoanalytiker Yoram Yovell das extreme Durchhaltevermögen der Israelis? – Suche die entsprechenden Textstellen und versuche, sie in eigenen Worten zu erklären.
- Warum fällt es beiden Seiten so schwer, einen Schritt „auf den anderen zu" zu machen? Versuche, die Situation mit einem Beispiel aus deiner eigenen Erfahrung zu vergleichen: Fällt es dir zum Beispiel schwer, den ersten Schritt zur Versöhnung zu machen, wenn du ungerecht behandelt wurdest?
- Yovell erklärt, beide Seiten (Israelis und Palästinenser) fühlen sich als Opfer. Wessen Opfer sind sie jeweils? (Nimm das Lesebuch „Israel und Palästina" zu Hilfe – insbesondere die Seiten 16/17, 18/19, 36/37 und 40/41.)

Eine Mauer aus Gedenktafeln in der Mahn- und Gedenkstätte Yad Vashem, Jerusalem, zur Erinnerung an von den Deutschen ermordete Familien. (Siehe auch farbiges Fotomaterial ab S. 64.)

Der Nahostkonflikt auf der Couch – II

Seiten 36/37   Perspektiven – Dialog – Kooperation

Flüchtlinge bis heute

Der palästinensische Psychiater Eyad Sarraj versucht mit einer Psychoanalyse der palästinensischen Gesellschaft die Situation verständlicher zu machen: Palästinenser sein bedeutet, Flüchtling zu sein, aus seinem Land vertrieben worden zu sein, im Exil zu leben, erlebt zu haben, wie das eigene Haus, Hab und Gut zerstört wurden. Ob jeder einzelne Palästinenser all dies tatsächlich am eigenen Leibe erlebt hat oder nicht, spielt gar keine so große Rolle – dies ist das große Unrecht in der Geschichte, mit dem sich jeder Palästinenser identifiziert. – Die Vertreibung der Palästinenser 1948 bezeichnet Eyad Sarraj als die Ursünde im Nahostkonflikt.

Die zweitschlimmste Erfahrung, direkt nach dem Leben im Exil, ist die Besatzung. Palästinenser leben in den besetzten Gebieten wie eingesperrt und sind nirgends vor den israelischen Bombardements sicher. Überall herrscht ständige Angst. Diese Angst wird auch an die Kinder weitergegeben. Eyad Sarraj beschreibt als eines der großen psychologischen Probleme, dass Kinder ihre eigenen Väter als machtlos erleben. Das führt zu absurden Reaktionen, wie etwa, dass palästinensische Kinder sich lieber mit den israelischen Soldaten identifizieren: Wenn palästinensische Kinder das Spiel „Israelis (bzw. „Juden") und Araber" spielen, wollen alle am liebsten die Rolle der Israelis spielen, denn das sind die Stärkeren.

Psychologische Studien haben ergeben, dass die größte Angst der meisten Kinder – abgesehen davon, die Mutter zu verlieren – darin besteht, ihr Zuhause zu verlieren. Die regelmäßige Zerstörung von Wohnhäusern durch das israelische Militär gibt den Palästinensern das Gefühl, kein sicheres Zuhause zu haben. Damit wird gleichzeitig das Gefühl, immer noch „Flüchtling" zu sein, über Generationen aufrechterhalten.

Der Konflikt hat beunruhigende Auswirkungen auf Verhalten und Gesundheit palästinensischer Kinder und Jugendlicher, sagt Eyad Sarraj: Untersuchungen an 12-jährigen Kindern kamen zu dem Ergebnis, dass 24% von ihnen sich nichts besseres im Leben vorstellen können, als mit 18 als „Märtyrer" (d.h. als Mörder von Israelis) zu sterben. Ein anderes Problem ist der hohe Prozentsatz von (depressiven) Kindern, die keine Freude empfinden können, so genannte „smileless children". 13% der bis 15 Jahre alten Kinder haben Probleme mit nächtlichem Bettnässen. Viele haben Schulprobleme wegen enormer Konzentrationsschwächen.

Das größte (politische) Problem heute ist, sagt Eyad Sarraj, dass die Palästinenser durch die Aggression der Israelis immer enger aufeinanderrücken – dies wiederum macht es so gut wie unmöglich, dass sich innerhalb der palästinensischen Gesellschaft neue Kräfte entfalten können und eine freie Entwicklung stattfinden kann. Eyad Sarraj zufolge sei das palästinensische Volk wie keine andere arabische Nation dafür geschaffen, selbstständig eine Demokratie aufzubauen, doch solange der extreme Druck von außen nicht gelockert wird, wird sich auch innerhalb der palästinensischen Gesellschaft nichts bewegen. Israels Aufgabe ist es, fordert Eyad Sarraj, den Palästinensern einen Platz für Ziele, Hoffnungen und das Gefühl von Sicherheit zu schaffen.

Wer die Augen aufmacht, findet überall Spuren kleiner Alltagskämpfe – selbst Graffitis in arabischer und hebräischer Sprache machen sich gegenseitig den Platz streitig.

Aufgaben

- Wie erklärt der Psychiater Eyad Sarraj, dass sich die Palästinenser bis heute als Flüchtlinge fühlen?
- Wie kommt es dazu, dass palästinensische Jugendliche als Attentäter sterben wollen? Was muss deiner Meinung nach dagegen getan werden?
  (Nimm dazu auch die Seiten 36/37 im Lesebuch „Israel und Palästina" zu Hilfe.)

Linktipp

⇨ *Den englischen Originaltext findest du unter www.pij.org/details.php?id=62 (Palestine-Israel-Journal of Politics, Economics and Culture, Vol. 10 Two Traumatized Societies No. 4/2003)*

Was haben deutsche Juden mit dem Nahostkonflikt zu tun?

Perspektiven – Dialog – Kooperation

Der Nahostkonflikt ist kein „normales Thema" in Deutschland

Hätte Deutschland eine andere Geschichte, könnte die Antwort auf die Frage „Was haben deutsche Juden mit dem Nahostkonflikt zu tun?" vielleicht lauten: „Nichts." Bis heute ist aber das Verhältnis der Deutschen zu Juden irgendwie nicht „normal". Deshalb läuft auch in deutschen Diskussionen über den Nahostkonflikt einiges verkehrt:

Geblieben ist bei den deutschen Juden auch nach Jahrzehnten eine gewisse Skepsis gegenüber der deutschen Öffentlichkeit, die in der Diskussion um den Nahostkonflikt nicht erst seit der zweiten Intifada, sondern eigentlich schon seit dem Sechstagekrieg 1967 weniger die Problematik vor Ort diskutiert als vielmehr die eigene Befindlichkeit. Kritik an Israel, Unterstützung für die Palästinenser – beides ist oft geprägt von dem Bedürfnis, die eigene Geschichte zu relativieren, die Taten der Israelis mit denen der Nazis gleichzusetzen.

Dass der Antizionismus häufig von antisemitischen Klischees geprägt ist und dementsprechende Aussagen über Juden evoziert [hervorruft], kann das Vertrauen allerdings schnell wieder erschüttern, wie Äußerungen von deutschen Politikern, die nach wie vor Juden vorschlagen, sie mögen doch in ihre „Heimat" gehen, also nach Israel, jenes Land, das nun heute für die meisten eben keine Heimat mehr ist. [...]

Die scheinbar blinde Loyalität der jüdischen Organisationen in Deutschland gegenüber Israel (hinter verschlossenen Türen ist Kritik an [dem ehemaligen Premierminister] Scharon und seiner [rechtsgerichteten] Politik durchaus zu hören) rührt heute also daher, dass man Angst hat, Deutschland könne kritische jüdische Worte für eigene Zwecke missbrauchen, die Vorurteile und Vorbehalte gegenüber Israel könnten noch geschürt werden, nach dem Motto: „Seht ihr, sogar die Juden sagen, dass ..."

Dies zeigt, wie sehr die offizielle Haltung der jüdischen Funktionäre vom innerdeutschen politischen Klima abhängig ist. Erst wenn dieses Land seinen Antisemitismus überwunden hat, erst wenn es nicht mehr versucht, die eigenen Verbrechen mittels der Taten anderer zu verharmlosen, erst wenn dieses Land zu seinen jüdischen Bürgern loyal und uneingeschränkt stehen wird, erst dann werden der Zentralrat [der Juden] und andere offiziell Kritik an Israel, wenn notwendig, äußern. Sollte dies jemals der Fall sein, dann darf Deutschland mehr als stolz auf sich sein.

— aus: Richard Chaim Schneider, Gute Gründe zur Vasallentreue – Juden in Deutschland und ihr Verhältnis zu Israel, in: taz vom 4. Juni 2002, S. 4.

Aufgaben

- Welche zwei geschichtlichen Ereignisse werden in Diskussionen in Deutschland häufig durcheinandergeworfen und miteinander gleichgesetzt? Welches Bedürfnis versteckt sich in der Regel hinter solchen Vergleichen?
- Warum haben deutsche Juden oft Angst, Kritik über Israel laut zu äußern?
- Was denkst du über die Aussage, dass viele deutsche Juden hinter verschlossenen Türen anders über gewisse Dinge sprechen als in der Öffentlichkeit? Sollte sich das ändern? Wie könnte sich das ändern?

Homepage des Zentralrats der Juden in Deutschland:
www.zentralratdjuden.de

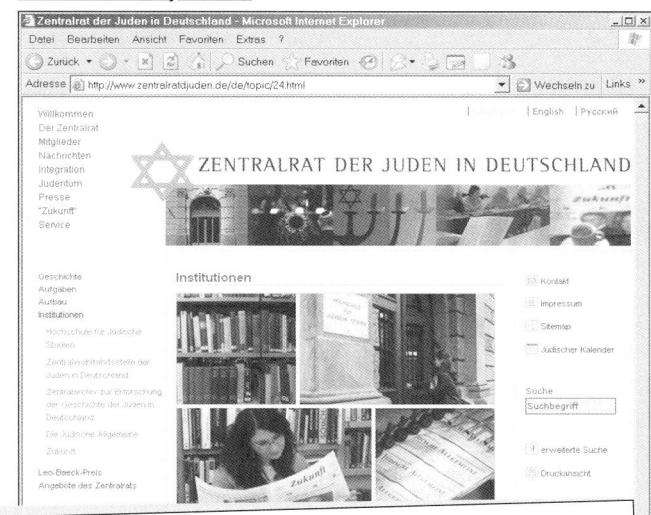

Solange die öffentliche Wahrnehmung von solch emotionalen Themen wie Holocaust und Israel, vermischt mit lange nachwirkenden religiösen Stereotypen, aber auch tiefgründigen Versuchen der Annäherung bestimmt ist, solange die Eröffnung jeder jüdischen Schule mehr Journalisten als Schüler anzieht, [...] wird der gesamte Themenbereich kein „normales Thema" in der öffentlichen Diskussion werden können. Ob wir es wollen oder nicht, Israel und die Juden werden heute nicht weniger als früher durch eine besondere Brille gesehen. Diese Brille muss nicht dunkle Gläser haben, sie kann auch helle Gläser haben, aber sie ist doch meistens vorhanden.

— aus: Michael Brenner, Juden und Normalität – Die Legitimität der Israel-Kritik, in: Süddeutsche Zeitung, Nr. 186/2003, S. 13.

Aufgabe

- Sammle die von Michael Brenner genannten Gründe, warum Juden in Deutschland falsch wahrgenommen werden. Versuche, sie in eigenen Worten und mit eigenen Beispielen zu erklären.

Der Friedensprozess – Akteure und Saboteure

Perspektiven – Dialog – Kooperation

Mit Jizchak Rabin …

Ministerpräsident Jizchak Rabin, die israelische Symbolfigur für den Friedensprozess, wurde 1995 bei einer großen Friedenskundgebung erschossen. Im ersten Moment gingen alle davon aus, dass auch dieser Anschlag von palästinensischen Terroristen verübt worden sei, um die Verhandlungen zwischen Rabin und Palästinenserführer Arafat endgültig zum Stillstand zu bringen. Tatsächlich war es ein junger, jüdischer ultraorthodoxer Fanatiker, der den Mord aus denselben Gründen verübte. Rabin wurde an diesem Tag begleitet vom damaligen Außenminister Shimon Peres:
Jizchak Rabin und ich befanden uns auf der Terrasse des Tel Aviver Rathauses, vor uns diese riesige Menge, all die jungen Leute, die sangen und tanzten. Jizchak war überglücklich. Es war der schönste Tag seines Lebens. Wir hatten eigentlich vor, [...] uns unters Publikum zu mischen; aber die Sicherheitsbeamten [hielten uns zurück: es gäbe Gerüchte], die Hamas plane einen Anschlag. Aber selbst diese Befürchtung konnte unserer freudigen Stimmung nichts anhaben. [...] [Rabin war] der Aufforderung der Sängerin Miri Aloni gefolgt, und mit ihr im Chor sangen wir das Friedenslied ‚Schir la Schalom' [...]. Wir haben vom Blatt gesungen. Anschließend hat Jizchak den Zettel gefaltet und in die Innentasche seines Jacketts gesteckt. Nur einige Augenblicke später zerrissen drei Kugeln seine Brust. Sie durchschlugen auch dieses Blatt Papier, das sich rot färbte, rot von seinem Blut.

— aus: Shimon Peres, Man steigt nicht zweimal in denselben Fluß – Politik heißt Friedenspolitik, DTV, 1999, aus der Einleitung.

… starb eine große Hoffnung

Viele sagen heute, dass mit Rabin die große Hoffnung auf den Frieden gestorben sei. Hier ein Auszug aus Rabins letzter Rede:
Ich war 27 Jahre lang ein Mann des Militärs. Ich habe Krieg geführt, solange es keine Chance auf Frieden gab. Ich glaube, jetzt gibt es diese Chance, eine große Chance, und wir müssen sie ausnutzen für diejenigen, die heute hier sind und für die, die nicht gekommen sind. [...]

Schir la-Schalom

Lasst die Sonne aufsteigen,
den Morgen zu erleuchten,
denn auch das Stärkste aller Gebete
wird ihn uns nicht zurück bringen,
den, dessen Lebenslicht verloschen,
der im Staub begraben ist.
Bitteres Weinen wird ihn nicht erwecken,
bringt ihn nicht hierher zurück.

Niemand wird uns je antworten
aus der Grube unter Asche,
da helfen weder Siegestaumel noch Lobeslieder.

Darum singt das Lied des Friedens,
flüstert keine Gebete,
gerade jetzt singt das Lied des Friedens,
mit einem großen Schrei!

Lasst die Sonne durchdringen
die Ruhestätten aus Blumen,
schaut nicht zurück,
lasst die Gefallenen in Ruhe.

Erhebt die Augen in Hoffnung,
blickt nicht durch Zielfernrohre,
singt ein Lied der Liebe
und nicht den Kriegen.

Sagt nicht „der Tag wird kommen",
bringt ihn her, den Tag,
denn er ist kein Traum.
Auf allen Strassen und Plätzen
singt nur dem Frieden!

Darum singt das Lied des Friedens,
flüstert keine Gebete,
gerade jetzt singt das Lied des Friedens,
mit einem großen Schrei!

Gewalt zerstört die Grundlage der israelischen Demokratie. Sie sollte verurteilt, ausradiert und isoliert werden. Gewalt ist nicht der Weg des israelischen Staates. Hier herrscht Demokratie. [...]
Frieden ist nicht allein das Thema von Predigten, sondern der Wunsch des jüdischen Volkes. Es gibt aber Feinde des Volkes, die uns angreifen, um den Frieden zu torpedieren. Ich möchte euch sagen: Wir haben unter den Palästinensern einen Partner für den Frieden gefunden [...].
Diese Versammlung muss der israelischen Bevölkerung, den Juden in der ganzen Welt und vielen in der westlichen Welt sowie anderswo deutlich machen, dass die Menschen in Israel Frieden wollen und den Frieden unterstützen. Ich danke euch dafür.

— aus: inoffizielle Übersetzung der Nachrichtenagentur Reuter, http://rhein-zeitung.de/old/news/rabin_rede.html

Aufgaben

➲ Was war das Besondere an dem Friedenskämpfer Jizchak Rabin? Lies dazu im Lesebuch „Israel und Palästina" die Seiten 38/39.
➲ Sammle in den aktuellen Nachrichten Berichte über Akteure und Saboteure im Nahostkonflikt. Finde heraus, was die jeweiligen Hintergründe für ihr Handeln sind. Ihr könnt dabei auch in Gruppen arbeiten.

Linktipps

⇨ Mehr über Jizchak Rabin und das Attentat (Texte, Bilder und Tondokumente) findest du unter
www.hagalil.com/israel/rabin/sound.htm
www.hagalil.com/judentum/editorial/rabin.htm
http://rhein-zeitung.de/old/news/rabin_rede.html

Ein Telefonat mit Präsident Bush?

Perspektiven – Dialog – Kooperation

Die palästinensische Architektin Suad Amiry lebt in Ramallah. Das erfundene Telefongespräch mit US-Präsident George W. Bush stammt aus ihrem Tagebuch, das sie zwischen dem 17. November 2001 und dem 26. September 2002 schrieb, als die israelische Armee mehrere Male in Ramallah einrückte und die Stadt besetzte.

„Guten Tag Herr Präsident."

„Guten Tag", antwortet der Präsident in schneidigem, aber verbindlichem Ton. „Womit kann ich Ihnen dienen?"

„Herr Präsident, mein Name ist Suad Amiry, und ich rufe Sie von Ramallah aus an."

„VON WO?"

„RAMALLAH ... aber das ist nicht so wichtig. Herr Präsident, ich rufe Sie an, um Ihnen mitzuteilen, dass Israel uns under curfew hält, wir leben unter Ausgangssperre seit ..." Ich werde sofort unterbrochen.

„Carefree, yes carefree, oh ja, frei, ich weiß, meine Berater haben mich darüber informiert, dass Israel das einzig freie und demokratische Land der Welt ist, das heißt, wir natürlich auch, wir beide."

„Nein ... nein ... Herr Präsident, das meine ich nicht ..."
Mit sehr lauter Stimme und genauer Betonung der einzelnen Worte wiederhole ich: *„Herr Präsident, ISRAEL ... HAT ... UNS ... DIE DREIEINHALB MILLIONEN PALÄSTINENSER ... UNTER ... HAUSARREST GESTELLT."*

„Rest, oh ja, Ruhe ... warum ruht ihr euch nicht aus?
Im Grunde braucht ihr ja wirklich ein wenig Ruhe."

„HAUSARREST ... ARREST, Herr Präsident." Die Telefonverbindung scheint gestört zu sein, sage ich mir, und schließlich rufe ich ja aus dem besetzten Palästina an, wo die gesamte Infrastruktur von der israelischen Armee zerstört worden ist. Also wiederhole ich langsam: *„Hausarrest, A ... R ... R ... E ... S ... T, Herr Präsident, haben Sie verstanden?"*

„Glauben Sie, der Präsident der Welt weiß nicht, wie man rest schreibt?"

„Aber Herr Bush, dieser a rest dauert jetzt schon fünf Monate an, seit dem 29. März 2002!"

„Nun ... ich habe eben die Nachrichten im Radio gehört, und sie sagen, dass es im Jahre 2005 einen unabhängigen Palästinenserstaat geben wird. Warum entspannen Sie sich nicht und ruhen bis dahin ein wenig aus?", schlägt er begütigend vor.

— aus: Suad Amiry, Sharon und meine Schwiegermutter – Tagebuch vom Krieg aus Ramallah, Palästina, aus dem Italienischen von Annette Kopetzki, Fischer 2004, S. 132–134.

Aufgaben

- Klärt zunächst in der Gruppe alle englischen Ausdrücke und schwer verständlichen Stellen, die im Text vorkommen.
- Das erfundene Telefonat ist eine Satire. Beschreibe, was die Besonderheiten eines satirischen Textes sind. Was ist die Absicht dieser Satire?
- Ist es wirklich die Telefonverbindung, die in diesem Gespräch gestört ist? Was ist deiner Meinung nach gestört und woran liegt das?
- Mach eine Liste, in der du sämtliche Kritikpunkte von Suad Amiry mit deinen eigenen Worten erklärst.

Literaturtipp

⇨ Suad Amiry, **Wenn dies das Leben ist. Geschichten aus Palästina**, Fischer 2006.

Projektvorschlag

- Verfolgt die aktuellen Nachrichten: Welche Rolle spielen die USA im Nahostkonflikt? Was tun die USA und was tut Europa, um beide Seiten auf dem Weg zu einer friedlichen Lösung zu unterstützen? Sammelt Berichte und Kommentare.

Vermittlungsarbeit an der Basis

Perspektiven – Dialog – Kooperation

Vermittlungsarbeit – der Weg zur Akzeptanz

Dan Bar-On, israelischer Psychologe und Professor an der Ben-Gurion-Universität in Beer-Sheva, hat viele Erfahrungen in der Dialogarbeit mit Israelis und Palästinensern gesammelt: *Das Misstrauen zwischen Israelis und Palästinensern ist so groß, dass ein oktroyiertes [von außen aufgezwungenes] Friedensabkommen allein nicht funktionieren konnte, sagt Dan Bar-On. [...] Wer mit israelisch-palästinensischen Gruppen gearbeitet habe, hätte sofort erkennen können, dass die Osloer Verträge ohne langfristige Vermittlungsarbeit an der Basis zum Scheitern verurteilt waren. Kriegsmüde hätten sich jedoch alle nach Frieden gesehnt und die Realität ignoriert. [...] Jüdische Israelis fühlen sich von den Palästinensern missachtet, weil diese ihre Erfahrungen mit dem Holocaust ignorieren; und die Palästinenser haben den Eindruck, durch die erdrückenden Schoah-Erzählungen keinen Raum mehr für ihr eigenes Leid zu bekommen. Die Essenz jedes Dialogs ist es, die Geschichte des anderen anzuhören und seine Wahrnehmungen zu respektieren: „Wir realisierten, dass das Akzeptieren von Unterschieden nicht bedeutete, dass man mit allem in den Konstruktionen der Anderen einverstanden sein musste." [...] Gesellschaftliche Veränderungen [...] brauchen viel Zeit und benötigen über den politischen Einfluss hinaus auch gezielte Friedensarbeit mit den verfeindeten Menschen, sodass eine Basis für Verständigung entstehen kann.*

— aus: Alexandra Senfft, Inseln der Vernunft schaffen (Buch im Gespräch: Dan Bar-On, Erzähl dein Leben!) in: DIE ZEIT, Nr. 46/2004, S. 56.

„Das Notwendigste, um Krieg und Terror zu verhindern, ist das Wissen um den Nachbarn, der Respekt vor seinem Anderssein, das Hinhören, wenn er sich zu Wort meldet, und das Vertiefen dessen, was er zu sagen hat."

Mahmoud Darwisch, palästinensischer Schriftsteller
— aus: www.exil-archiv.de/html/biografien/darwisch.htm

Linktipp
⇨ Mehr Informationen über die Schoah findest du unter www.yadvashem.de

Aufgaben

⇨ Was sind die Osloer Verträge? Lies nach im Lesebuch 📖 „Israel und Palästina", S. 38/39.

⇨ Recherchiere (z.B. im Lexikon): Was bedeuten die Begriffe „Holocaust" und „Schoah", aus welcher Sprache stammen sie jeweils und in welchem Zusammenhang werden sie benutzt?

⇨ Welchen Einfluss haben laut Dan Bar-On politische Entscheidungen auf den Friedensprozess? Was oder wen meint er, wenn er von der „Basis" spricht? Welche Rolle spielt diese Basis im Friedensprozess?

⇨ Kannst du das Verhalten und die Reaktionen eines anderen Menschen besser verstehen, wenn du viel über sein Leben weißt? Finde ein Beispiel aus deinem eigenen Leben.

⇨ Dieselbe Geschichte von zwei verschiedenen Personen erzählt, kann manchmal ganz unterschiedlich klingen. Erkläre den Unterschied zwischen:
1. eine solche Erzählung akzeptieren und
2. mit einer solchen Erzählung einverstanden sein.
– Warum ist das „Akzeptieren" in der Friedens- und Dialogarbeit so wichtig?

Erziehung zum Frieden

Erst vor wenigen Jahren kamen Experten auf die Idee, israelische und palästinensische Schulbücher gründlich daraufhin zu untersuchen, wie dort die jeweils andere Seite dargestellt wird. Die Ergebnisse waren zum Teil schockierend: Z.B. wurde in israelischen Schulbüchern die gewaltsame Vertreibung der Araber aus Palästina 1948/49 weitgehend verschwiegen oder extrem verharmlost dargestellt. Palästinensische Schulbücher hingegen hatten nicht nur ihre zum Teil sehr eigene Darstellung der Ereignisse, sondern waren total veraltet und boten daher keinerlei Lehrmaterial zum Friedensprozess, so als gäbe es ihn gar nicht.

Filmtipp
⇨ **Promises – Kinder im Nahostkonflikt**, Regie: J. Shapiro, B. Z. Goldberg, C. Bolado, USA/PS/IL 2001, OmU

Aufgabe
⇨ Warum ist die Geschichtsdarstellung in den Schulbüchern ganz wichtig für die Zukunft des Friedens im Nahen Osten? Warum ist es wichtig, was israelische Schüler in der Schule über die Palästinenser lernen und warum ist es wichtig, was palästinensische Schüler in der Schule über die Israelis lernen?

Ta'ayush: eine jüdisch-arabische Aktionsgruppe

Perspektiven – Dialog – Kooperation

Wie funktioniert arabisch-jüdische Zusammenarbeit?

Ta'ayush ist arabisch und heißt „Zusammenleben". Es ist auch der Name einer jüdisch-arabischen Aktionsgruppe in Israel. Sie wurde im Herbst 2000 gegründet, direkt nach den Unruhen zwischen jüdischen und arabischen Israelis, bei denen 13 arabische Israelis ums Leben kamen (vgl. S. 26). In einem Interview antwortet Gadi Algazi, jüdisches Mitglied der Gruppe, auf die Frage: *„Wie funktioniert arabisch-jüdische Zusammenarbeit?"*

- *Steht nicht eher dahinter, dass bei Ta'ayush die jüdischen Mitglieder auf die arabischen zukommen wollten?*
- Klar, wenn wir nicht mehr als Kolonialisten in diesem Land leben wollen, müssen wir unsere Privilegien aufgeben. Aber wir tun das ja nicht nur für die Palästinenser. Entweder haben wir eine gemeinsame Zukunft oder gar keine. Und auch die Palästinenser unter uns [gemeint sind hier arabische Israelis] müssen umdenken. Am Anfang ist unsere gemischte Truppe bei den Aktionen in den besetzten Gebieten auf Skepsis gestoßen – besonders bei Palästinensern, für die der bewaffnete Kampf eine Option ist. Für die ist es ein Lernprozess, wenn sie erkennen, dass wir etwas zusammen erreichen, ohne dass einer der Herr ist. Wir müssen einander vertrauen können, denn bei unseren Aktionen in den besetzten Gebieten kann es gefährlich werden. Wir sind dann sehr stark aufeinander angewiesen. [...]
- *Was unterscheidet Ta'ayush von anderen Friedensinitiativen [...]?*
- [...] Für uns stehen das gemeinsame Handeln und die konkrete Aktion im Vordergrund. Bei unseren Hilfskonvois in die besetzten Gebiete haben tausende Israelis mitgemacht und sie haben eine ganz neue Erfahrung gemacht: Sie haben die Besetzung für ein paar Stunden von innen heraus gesehen. Sie haben den Palästinensern, die unter der Besatzung leben, direkt geholfen. Und sie haben Palästinenser [gemeint sind hier arabische Israelis] getroffen, mit denen sie etwas zusammen gemacht haben. Wenn die Leute dann nach Hause kommen, haben sie mehr Kraft als vorher. Sie können wieder glauben, dass Juden und Araber eine Zukunft haben, und zwar eine gemeinsame.
- *Aber die Realität in Israel und den besetzten Gebieten ist doch eine andere: Es gibt Juden und Araber, und zwischen denen herrscht Krieg.*
- Ja, das ist die Wirklichkeit, auch unsere. Aber wir versuchen schon länger, diese Frontlinien zu durchbrechen und mitten in diesem Krieg fragile, aber ganz reale Brücken der Solidarität zu bauen. Ich gebe Ihnen ein Beispiel: [...]

Anfang Juni 2001 gab es am Strand von Tel Aviv ein schweres Attentat vor einer Diskothek. 21 Jugendliche starben. Für den Tag danach war eigentlich die regelmäßige Demonstration der Friedensbewegung geplant, in Anbetracht der Ereignisse sagten aber alle teilnehmenden Gruppen ab. Bis auf Ta'ayush. Es war schwierig für die jüdischen Mitglieder von Ta'ayush zu sagen: Auch jetzt, nach dem Attentat, machen wir weiter und sagen klar „Nein zu Terrorakten!", aber noch ein größeres „Nein!" zur Okkupation, die diesen Terror und diesen Hass hervorbringt. Die palästinensischen Mitglieder von Ta'ayush [gemeint sind hier arabische Israelis] hatten Angst, auf den Straßen von Tel Aviv zu erscheinen, denn es gab eine starke antiarabische Stimmung. Wir haben dennoch gemeinsam demonstriert. Das war eine harte Probe für uns als jüdisch-arabische Gruppe.

— aus: Matthias Bertsch, „Es gibt eine andere Zukunft", Interview mit Gadi Algazi, in: taz vom 4. Juni 2002, S. 5.

Aufgabe

➲ In diesem Interview findest du eine ganze Reihe Hinweise darauf, warum arabisch-jüdische Zusammenarbeit schwierig ist. Unterstreiche die entsprechenden Textstellen und versuche dann, die Probleme in eigenen Worten zu formulieren.

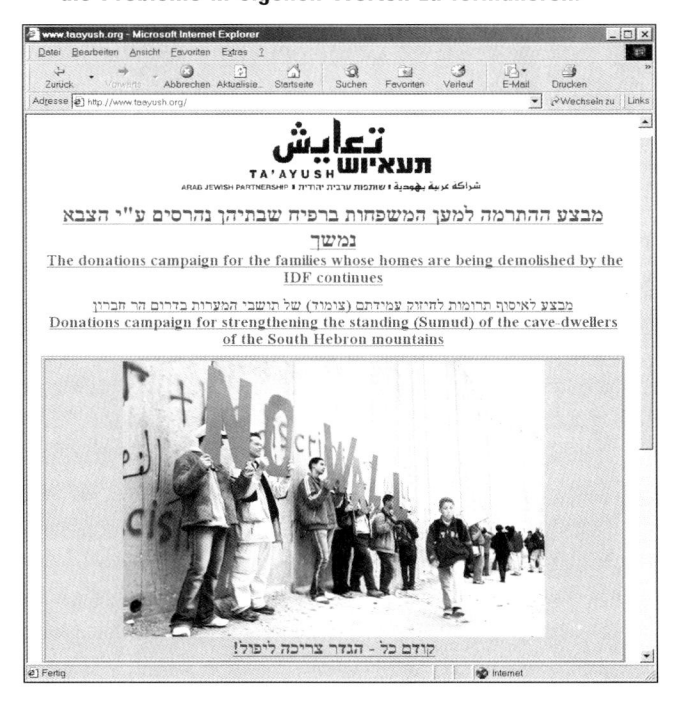

Linktipp

➪ Mehr über die Organisation Ta'ayush erfährst du unter www.taayush.org (in englischer Sprache)

Welche Initiativen gibt es?

Perspektiven – Dialog – Kooperation

Rechercheaufgaben für die Gruppenarbeit

➔ Teilt euch in mehrere Gruppen. Jede Gruppe sammelt Berichte und Infos über eine ungewöhnliche Friedensaktion oder ein Projekt. Anregungen findet ihr auf dieser Seite (einige Internetseiten sind allerdings in englischer Sprache). Jede Gruppe bereitet zu ihrem Thema ein kurzes Referat vor. *Tipp:* Wenn möglich, solltet ihr dabei auch Bilder zeigen.

➔ Besprecht anschließend gemeinsam, welche Initiativen euch besonders beeindruckt haben und warum.

☞ Berichte von einer *ungewöhnlichen Antarktis-Expedition* und einer *schwierigen Tour durch die Wüste Sahara* findet ihr unter www.spiegel.de/reise/fernweh/0,1518,282160,00.html bzw. www.breaking-the-ice.de

☞ Erfahrt mehr über die *Jugendzeitung „Crossing Borders"* in englischer Sprache unter www.crossingborder.org und über das *Radioprojekt „All for peace"* unter www.allforpeace.org

☞ Informiert euch über *Telefonate mit dem Feind* und die *„Hello Shalom – Hello Salaam"-Hotline!* unter www.hellopeace.net (in englischer Sprache) bzw. unter www.deutsch-israelische-gesellschaft.de/news_aktuelles/telefonate_mit_dem_feind%20.htm

☞ Informiert euch über eine **Initiative palästinensischer und israelischer Eltern**, die ihre Kinder im Nahostkonflikt verloren haben unter www.theparentscircle.com (engl.)

☞ Erkundigt euch über die Arbeit der evangelischen *Schule Talitha Kumi bei Bethlehem* (die Schule beherbergt auch ein israelisch-palästinensisches Friedensinstitut, das propagandafreie Schulbücher entwickelt!): www.talithakumi.org

☞ Sammelt Informationen über das *Friedensdorf Newe Schalom/Wahat al-Salam* unter http://nswas.com

☞ Besucht die Internetseiten des *jüdisch-arabischen Zentrums für Frieden in Givat Haviva*, Israel: www.givat-haviva.net bzw. www.dialogate.org.il

☞ *Musik als Mittel zur Völkerverständigung?* Mehr über Daniel Barenboims Engagement in Ramallah erfahrt ihr unter www.free-international-music-school.com/kooperationen/barenboimsaidstiftung und unter www.3sat.de/3sat.php?http://www.3sat.de/kulturzeit/themen/39455/ und www.zeit.de/2004/21/Barenboim und www.zeit.de/online/2005/33/barenboim

☞ Informiert euch außerdem über *Aktionen und Programme zu arabisch-jüdischer Zusammenarbeit* auf den folgenden Seiten (größtenteils in englischer Sprache!): www.gush-shalom.org/english/index.html und www.btselem.org und www.taayush.org und www.icahd.org/eng und www.palsolidarity.org sowie unter *Deutsch-Israelischer Arbeitskreis für Frieden im Nahen Osten:* www.diak.org und *Deutsch-Israelische Gesellschaft (DIG):* www.digberlin.de bzw. Jugendforum der DIG www.deutsch-israelisches-jugendforum.de

Frieden: Salam (arabisch) – Schalom (hebräisch)

Deutsch-israelisch-palästinensische Beziehungen

Perspektiven – Dialog – Kooperation

Vermittlungsversuche

Die meisten deutsch-israelisch-palästinensischen Friedensorganisationen haben sich aus Friedensinitiativen entwickelt, die „normale" Beziehungen zwischen deutschen und israelischen Jugendlichen nach dem Holocaust aufbauen wollten. Bei der Dialogarbeit stellte sich aber heraus, dass die Thematik des palästinensisch-israelischen Konflikts immer wieder in diesen Dialog hineinspielte. Während der Holocaust nach wie vor das israelische Selbstverständnis und die jüdische Geschichte prägt, bestimmt der arabisch-israelische Konflikt das alltägliche Leben der Israelis. Daher versucht man heute, die Palästinenser in den Dialog mit einzubeziehen. Viele Friedensinitiativen in Deutschland sehen heute ihre Aufgabe und Verantwortung darin, als Vermittler den palästinensisch-israelischen Dialog zu unterstützen. Sie bemühen sich z.B. darum, israelische und palästinensische Jugendliche nach Deutschland zu Gesprächen und gemeinsamen Aktionen einzuladen. In den Gesprächen setzen sich Palästinenser, Israelis und Deutsche auch gemeinsam mit dem Holocaust auseinander. Diese Auseinandersetzung hilft den Palästinensern, die israelische Seite besser zu verstehen. Andererseits merken die Israelis im Dialog, dass die Palästinenser in eine Situation gebracht wurden, in der sie Juden nicht als Opfer, sondern nur als Täter wahrnehmen können.

In einem Interview gibt der israelische Schriftsteller Amos Oz eine konkrete Antwort darauf, wie Europa und auch Deutschland im Nahostkonflikt Israel bei der Verwirklichung von Friedensplänen helfen können:

- **Was kann Europa beitragen?**
- *Ich bin das Kind von Leuten, die aus Europa rausgeworfen wurden, obwohl sie es geliebt und vielleicht sogar dazu beigetragen haben, dass die Vorstellung eines vereinten multikulturellen Europas entstehen konnte. Europa muss beiden Seiten ernsthaft helfen und darf nicht mit dem Zeigefinger herumwedeln oder Noten verteilen.*
- **Wie könnte solche Hilfe aussehen?**
- *Wir brauchen Pläne für die Wiederansiedlung von 600.000 bis 700.000 palästinensischen Flüchtlingen im Westjordanland und im Gazastreifen. Und wir brauchen Sicherheitspläne für ein Israel nach einer Zweistaatenlösung. Solche Pläne können alles enthalten: von einer Aufnahme Israels und Palästinas in die Nato bis zur Wirtschaftshilfe, um die Krise zu meistern, die durch die Evakuierung der Siedlungen entstehen könnte. Aber was Israel am allermeisten brauchen wird, ist eine emotionale Versicherung. Denn wir fühlen uns als Geächtete, verflucht und gehasst. Ein solcher Rückhalt würde keinen Pfennig kosten, nur Empathie. Dazu muss man nicht mit der israelischen Politik einverstanden sein oder mit [einem Politiker wie dem ehemaligen Ministerpräsidenten Ariel] Scharon, da muss man nicht die Siedler feiern. Aber ein europäisches Mitgefühl für die heutige schwierige Lage Israels könnte den Moderaten und noch Tauben hier helfen. Das wäre eine Hilfe aus Europa für beide Seiten.*

— aus: Gisela Dachs, Interview mit Amos Oz: Ich blicke auf Israel wie auf ein Mädchen, das reifer wird, in: DIE ZEIT, Nr. 45/2004, S. 66.

Aufgabe

➔ **Finde heraus, was das Wort „Empathie" bedeutet. An wen genau richtet Amos Oz seine Bitte um Unterstützung – an die Politiker oder an jeden einzelnen von uns?**

Deutschlands ehemaliger Außenminister Joschka Fischer war ein wichtiger Vermittler zwischen Israelis und Palästinensern. In einem Interview mit dem Spiegel erklärte er, dass er als Minister üblicherweise bei jedem politischen Gespräch von Mitarbeitern vorbereitete Karten mit Hintergrundinformationen und den wichtigsten Punkten für die Diskussion erhält. Als Fischer am 1. Juni 2001 im Rahmen einer Nahostreise zu Gesprächen in Israel war, bombte sich ein palästinensischer Selbstmordattentäter in Tel Aviv in die Luft – 21 Jugendliche starben. Für den weiteren Gesprächsverlauf nach dieser Nachricht gab es keine vorbereiteten Notizkarten. Seit diesem Erlebnis, sagt Fischer, habe er bei Gesprächen im Nahen Osten nie wieder solche Notizkarten verwendet.

— Quelle: „Israel ist der Blitzableiter" (Interview mit Außenminister Joschka Fischer) in: Spiegel Spezial, Allahs blutiges Land – Der Islam und der Nahe Osten, Nr. 2/2003, S. 32–35.

Projektvorschlag

➔ **Recherchiert, ob es auch in eurer Stadt Organisationen oder Vereine gibt, die den deutsch-israelisch-palästinensischen Dialog unterstützen. Erkundigt euch nach aktuellen Veranstaltungen und Terminen.**

➔ **Stell dir vor, du könntest an einem Dialog mit Israelis und Palästinensern teilnehmen. Welche Fragen würdest du gerne stellen? Schreibe mindestens zwei Fragen an jede Gruppe auf. Tragt eure Fragen anschließend zusammen – vielleicht könnt ihr eure Fragen ja als Grundlage für ein tatsächliches Gespräch nutzen?**

Arabische Demokratie in Palästina

Perspektiven – Dialog – Kooperation

Palästinenserpräsident Mahmud Abbas

Von Mahmud Abbas (respektvoll auch Abu Masen genannt), dem im Januar 2005 gewählten Palästinenserpräsidenten, erhoffen sich viele, dass ihm gelingt, was sein Vorgänger Jassir Arafat nicht erreichte: Der Aufbau eines funktionierenden demokratischen Staates und damit bessere Lebensbedingungen für die palästinensische Bevölkerung. Als Ansprechpartner genießt Abbas – im Unterschied zum 2006 gewählten palästinensischen Premierminister und Hamas-Führer Ismail Hanija – international hohes Ansehen. Vor allem die USA und das europäische Ausland glauben, dass Mahmud Abbas der geeignete Partner ist, um den Dialog mit Israel wieder aufzunehmen.

Palästinenserpräsident Mahmud Abbas, US-Präsident George W. Bush und der ehemalige israelische Ministerpräsident Ariel Scharon 2005 beim Gipfeltreffen in Akaba am Roten Meer

Demokratische Präsidentschaftswahl 2005

Gespannt und voller Hoffnungen blickte die Welt im Januar 2005 auf die palästinensischen Präsidentschaftswahlen. Nicht bloß, weil es um die Frage nach Arafats Nachfolger ging. Sondern auch deshalb, weil man nicht sicher war, ob die Palästinenser überhaupt mit demokratischen Wahlen und dem damit verbundenen Maß an Initiative und Selbstbestimmung umzugehen wüssten. Die Wahl von Mahmud Abbas zum neuen Palästinenserpräsidenten verlief relativ ruhig und überraschte die Welt positiv.

Die israelische Journalistin Gisela Dachs beschrieb die erste Präsidentenwahl im Januar 2005 nach Arafats Tod als Chance für eine palästinensische Demokratie:
Fragt man Palästinenser, die nie in einem demokratischen Staat gelebt haben, nach ihrem Modellstaat, so erhält man eine überraschende Antwort: „Israel." Das Studium des Besatzers lehrte sie aus nächster Nähe, wie ein unabhängiges Justizwesen funktioniert, was eine freie Presse und freie Wahlen bedeuten, dass vor dem Gesetz alle gleich sind und Polizei und Richter sogar einen leibhaftigen Regierungschef verhören dürfen. [...] Kann aber eine Demokratie überhaupt ohne Staat und unter einer Besatzung errichtet werden? Historisch ist das immerhin schon einmal geschehen – bei den Israelis, in der ersten Hälfte des vergangenen Jahrhunderts. Damals hatten sich die Juden im britisch kontrollierten Palästina demokratisch organisiert, Wahlen abgehalten und Institutionen geschaffen. Sie waren der Grundstein für den Staat Israel, der 1948 ausgerufen wurde.

— aus: Gisela Dachs, Demokratie, zweiter Versuch
in: DIE ZEIT, Nr. 2/2005, S.7.

Demokratische Parlamentswahl 2006

In den palästinensischen Parlamentswahlen im Januar 2006 ging es darum, eine neue Regierung und einen neuen Premierminister zu wählen. Bis auf sehr wenige „Anfängerfehler" verlief der Wahlkampf vorschriftsmäßig und die Wahl vorbildlich demokratisch. Das Ergebnis war jedoch ein Schock für die Welt: Die radikalislamische Terrororganisation Hamas gewann die Wahl als stärkste Partei.

Direkt nach dem Wahlsieg der Hamas unterhielt sich die deutsche Journalistin Juliane von Mittelstaedt mit ihrer israelischen Mitbewohnerin Olga in Tel Aviv:
Der Schock sitzt den meisten Israelis in den Knochen. Eine Terrororganisation an der Macht, nur ein paar Kilometer entfernt von Tel Aviv? „Das kommt davon, wenn man den Palästinensern demokratische Wahlen erlaubt", sagt Olga, als wir uns am Abend in der Küche treffen [...]. Aber Angst? Sie zuckt mit den Schultern, „sollen die Palästinenser machen was sie wollen, dann bauen wir halt die Mauer ein Stück höher". Ob sie schon mal in den Palästinensergebieten war? Olga schüttelt entsetzt den Kopf. „Mein Gott, nein."

— aus: Juliane von Mittelstaedt, Grüne Wut – 8. Februar, Tagebuch: Israel
www.geo.de/GEO/kultur/gesellschaft/4572.html

Aufgaben

- **Warum setzt die Welt soviel Hoffnungen darein, Palästina als Musterbeispiel für eine arabische Demokratie zu gewinnen? Gibt es bisher demokratische Regierungen in anderen arabischen Ländern? Recherchiert im Internet z.B. unter www.auswaertiges-amt.de**
- **Warum will die Israelin Olga nicht in die Palästinensergebiete fahren und sich ansehen, wie ihre direkten „Nachbarn" leben? Überlege dir mehrere mögliche Gründe und schreibe sie in einem Gespräch zwischen Juliane und Olga auf.**

IN DEN SCHLAGZEILEN: Israel und Palästina – *Arbeitsmaterialien*

Gibt es Hoffnung auf Frieden?

Perspektiven – Dialog – Kooperation

Erkennt die Hamas Israels Existenzrecht an?

Die radikalislamische Organisation Hamas, die für zahlreiche Terroranschläge und für den Tod vieler Israelis verantwortlich ist, machte in den letzten Jahren immer wieder deutlich, dass sie den israelischen Staat nicht anerkennt. Die geistig-religiösen und militärischen Organisationsführer wollten alle Juden aus dem Land vertreiben und ein islamisches Palästina errichten. Aus Angst um die Sicherheit der israelischen Bevölkerung hat Israels Militär die gefährlichsten extremistischen Anführer der Hamas vor wenigen Jahren umgebracht. Seit der Wahl der Hamas zur stärksten Partei in der palästinensischen Regierung und der Ernennung von Ismail Hanija zum neuen Premierminister hat die Hamas sich widersprüchlich in Bezug auf die Anerkennung Israels geäußert. Grundsätzlich sei auch die neue Regierung der palästinensischen Autonomiegebiete zu einem dauerhaften Waffenstillstand mit dem „Nachbarn" bereit. Allerdings erwartet sie dafür, dass Israel das gesamte Westjordanland räumt und die Israelis sich hinter die Grenzen von 1967 zurückziehen. Palästinenserpräsident Mahmud Abbas übt starken Druck auf den neuen Premierminister Ismail Hanija aus und fordert die Hamas auf, sich an die bisher mit Israel getroffenen Friedensverträge und Absprachen zu halten.

Aufgabe

- Israel unterzeichnete 1993 das Osloer Friedensabkommen mit der PLO, und brachte so den Friedensprozess in Gang. Recherchiere, ob die PLO zu dieser Zeit bereits offiziell Israels Existenzrecht anerkannt hatte. Nimm das Lesebuch „Israel und Palästina" S. 38/39 zuhilfe und lies auch nach auf S.19 in dieser Arbeitsmappe.

Verhandlungen mit der Hamas?

Israels Regierung ist bisher nicht bereit, Verhandlungen mit der radikalen Hamas aufzunehmen. Auch das Ausland (USA und Europa) führen Verhandlungen und Gespräche bloß mit Palästinenserpräsident Abbas. Als Reaktion auf den Sieg der Hamas bei den palästinensischen Parlamentswahlen 2006 stellte die europäische Union den Großteil der Zahlungen (Unterstützungs- und Fördergelder zur Aufbauhilfe) an die palästinensische Autonomiebehörde vorläufig ein. Das Ausland wollte so deutlich machen, dass es die terroristische Organisation Hamas als Regierungspartei nicht anerkennt. Die palästinensische Bevölkerung ist auf finanzielle Unterstützung aus dem Ausland dringend angewiesen. Ohne diese Zahlungen könnte es zu einer wirtschaftlichen Katastrophe und Hungersnot kommen. Die Mehrzahl der Palästinenser versteht die Reaktion des Auslands nicht. Das Argument der Palästinenser lautet: „Das Ausland hofft seit Jahren auf eine Demokratie in Palästina und jetzt, wo wir ganz demokratisch die Hamas als wichtigsten Vertreter des palästinensischen Volkes gewählt haben, wollt ihr das nicht akzeptieren?"

Projektvorschlag

- **Die Mehrheit der europäischen Länder (z.B. auch Deutschlands ehemaliger Außenminister Joschka Fischer) befürchtet, dass sich unter der Hamas-Regierung die wirtschaftliche Situation in den palästinensischen Gebieten verschlechtern wird und es zu Chaos und einer zunehmenden Radikalisierung der Bevölkerung kommen wird. Verfolgt die aktuellen Nachrichten und diskutiert, ob sich diese Befürchtungen bestätigen.**
- **Recherchiert, welche Bemühungen die USA und die europäischen Länder unternehmen, um Verhandlungen zwischen Israel und den Palästinensern zu ermöglichen und einen neuen Friedensprozess in Gang zu bringen.**

Israel im Alleingang

Der im März 2006 gewählte israelische Ministerpräsident Ehud Olmert hat ein klares Vorhaben in Bezug auf die weiteren Schritte hin zu einer Zweistaatenlösung (Israel und Palästina) angekündigt. In einem einseitigen Vorgehen, d.h. ohne dass mit den Palästinensern verhandelt wird, plant Israel bis zum Jahr 2010 die tief im Westjordanland verstreuten Siedlungen zu räumen und den Palästinensern das Land zurückzugeben. Gleichzeitig will Israel aber drei große Siedlungsblöcke nahe der Grenze (und auf palästinensischem Gebiet!) fest ausbauen. Die Israelis glauben, die Vergangenheit habe gezeigt, dass es keinen Sinn macht, mit den Palästinensern zu verhandeln. Israel sieht aber durchaus ein, dass die Palästinenser einen eigenen Staat brauchen. Die Israelis wollen nun im Alleingang Tatsachen schaffen, die ihrer Meinung nach langfristig auch einen Frieden in der Region bewirken werden. Die Mehrheit der Palästinenser glaubt nicht, dass es einen für beide Seiten akzeptablen Frieden geben wird, wenn Israel nicht zu weiteren Verhandlungen und einem gemeinsam entwickelten Lösungsweg bereit ist.

Akteure im Nahostkonflikt – I

Anhang

Die palästinensische Seite

Palästina verfügt über keine regelrechte Armee, da es keinen eigenständigen Staat bildet. Die dort handelnden Organisationen werden daher unter dem Oberbegriff „paramilitärische Kräfte" zusammengefasst. Zum einen handelt es sich dabei um Organisationen, die der Autonomiebehörde unterstehen, zum anderen gibt es aber auch Oppositionskräfte. Über die Bewaffnung der einzelnen Gruppen lässt sich nur sehr wenig sagen, da die Versorgung mit Waffen und die finanzielle Unterstützung u.a. durch die arabischen Nachbarländer erfolgt.

Die Palästinensische Autonomiebehörde (PNA oder PA)

Die palästinensische Autonomiebehörde wurde als Teil des Oslo-Abkommens 1994 zwischen der PLO und Israel eingerichtet. Seit dem Oslo-I-Abkommen verwalteten die Palästinenser Teile des Gazastreifens, seit 1995 auch Teile des Westjordanlandes weitgehend eigenverantwortlich und seit 2005 den gesamten Gazastreifen. Die palästinensische Autonomiebehörde ist die ausführende Kraft dieser Verwaltung und ähnelt einer Regierung. Die Verträge von Oslo sahen keine explizite Regelung für die Zukunft vor, es war jedoch eine ungeschriebene Übereinkunft, dass die PA bei einer endgültigen Regelung die Basis für einen zu gründenden palästinensischen Staat werden solle. Die PA genießt internationale Anerkennung als Vertretung des palästinensischen Volkes, jedoch in einem eingeschränkten Sinne. Bei den Vereinten Nationen hat die PA einen Beobachterstatus. Die Spitze der palästinensischen Autonomiebehörde besteht aus 30 Mitgliedern, unter ihnen befinden sich neun Mitglieder des Autonomierates, der gesetzgebenden Kraft der Palästinenser. Im Westjordanland handelt die Behörde von Ramallah aus, im Gazastreifen agiert sie von Gaza-Stadt aus. Amnesty International kritisiert an der palästinensischen Autonomiebehörde Menschenrechtsverletzungen und die Einschränkung der Pressefreiheit. Außerdem wird ihr vorgeworfen, nicht konsequent gegenüber radikal-islamistischen Gruppierungen zu sein.

Die PA unterhält bewaffnete Einheiten im Umfang von etwa 40.000 bis 80.000 Mann. Offiziell werden diese Einheiten als „Polizeikräfte" bezeichnet, es handelt sich dabei jedoch eigentlich um eine Art Miliz. Gemäß den Vereinbarungen von Oslo darf die PA über Polizeikräfte im Umfang von 30.000 Mann verfügen.

— **Informationen aus:** http://de.wikipedia.org/wiki/Pal%C3%A4stinensische_Autonomiebeh%C3%B6rde

PLO (Palästinensische Befreiungsorganisation)

Die PLO wurde 1964 auf Initiative des damaligen ägyptischen Staatspräsidenten Gamal Abdel Nasser gegründet. Ziel der PLO ist der Aufbau eines Staates Palästina innerhalb der Grenzen des britischen Mandatsgebietes von 1920. Die PLO versteht sich als rechtmäßige Vertreterin des palästinensischen Volkes. 1969 übernahm Jassir Arafat die Führungsposition in der Vereinigung.

Als Dachorganisation beherbergt sie circa 15 Gruppierungen mit unterschiedlicher Orientierung. Die größte Unterorganisation der PLO ist die Fatah, die durch Terroranschläge vorwiegend im Ausland auf sich aufmerksam machte. Heute lehnt die PLO-Führung alle Terroranschläge ab. 1974 erhielt die PLO von den Vereinten Nationen einen Beobachterstatus. 1976 erfolgte ihre Aufnahme in die Arabische Liga. (Die Arabische Liga ist ein Verbund arabischer Staaten. Sie strebt die Zusammenarbeit in Wirtschaft, Finanzwesen, Transport, Kultur und Gesundheitswesen an, den Erhalt der Unabhängigkeit und Souveränität der Mitgliedsländer und die Förderung gemeinsamer Interessen. Sie fordert die Anerkennung Palästinas als selbstständigen Staat. Streitigkeiten zwischen den Mitgliedsländern will sie verhindern oder schlichten helfen.)

Die PLO rief unter der Führung Jassir Arafats 1988 im Zuge der ersten Intifada (1987 bis 1993) den „Staat Palästina" aus, zu dessen Präsident Arafat gewählt wurde; gleichzeitig erkannte sie indirekt das Existenzrecht Israels an. Während der Intifada spielte die PLO jedoch keine leitende Rolle. Nach dem Oslo-I-Abkommen, das den besetzten palästinensischen Gebieten Teilautonomie zusichert, reduzierte Arafat seine Ansprüche an ein palästinensisches Herrschaftsgebiet. Nach Jassir Arafats Tod (November 2004) wurde Mahmud Abbas neuer Vorsitzender der PLO.

Abbas erreichte in Verhandlungen mit den radikalen Gruppen am 8. Februar 2005 eine weitgehende Waffenruhe. Gemeinsam mit dem ehemaligen israelischen Ministerpräsidenten Ariel Scharon gab er auf einem Nahostgipfel in Ägypten die sofortige Beendigung der Gewalt auf beiden Seiten bekannt.

— **Informationen aus:** www.die-tagespost.de

Akteure im Nahostkonflikt – II

Anhang

PPP (Palästinensische Volkspartei, früher Palästinensische Kommunistische Partei)

Die Palästinensische Volkspartei wurde 1982 in den besetzten palästinensischen Gebieten gegründet. Sie distanzierte sich 1991 von ihrer kommunistischen Vergangenheit und betrachtet sich heute als demokratische Volkspartei. Bis 1998 wurde sie von Bashir Barghouti (1931–2000), der eine Schlüsselrolle bei den Osloer Friedensverhandlungen hatte, geleitet. Heute übernimmt diese Funktion ein aus drei Mitgliedern bestehendes Generalsekretariat. Seit 1987 ist die PPP auch im Exekutivkomitee der PLO vertreten.

— Informationen aus: www.palaestina.org

Al Fatah (Palästinensische Nationale Befreiungsbewegung)

Die Fatah ist die größte der palästinensischen Widerstandsorganisationen. Sie wurde im Jahr 1959 von Jassir Arafat und Khalil al-Wazir in Kuweit gegründet und bestand anfangs aus einem Netzwerk verschiedener Untergrundgruppen. Im Jahr 1963 entstand ein Zentralkomitee, dessen Vorsitzender bis zu seinem Tod Jassir Arafat war. Die Fatah und ihre Untergruppen führten seit 1965 weltweit terroristische Anschläge durch, unter anderem die Geiselnahme israelischer Sportler während der Olympischen Spiele 1972 in München durch die Gruppierung „Schwarzer September". Die Fatah strebt eine Befreiung Palästinas durch den bewaffneten Widerstand an. Sie ist heute die stärkste politische Organisation in den Palästinensergebieten. Die Fatah-Bewegung distanzierte sich zuletzt von Arafat. Die Mitglieder traten vermehrt aus und warfen der palästinensischen Führung Unfähigkeit und Korruption vor.

— Informationen aus: www.palaestina.org

DFLP (Demokratische Front zur Befreiung Palästinas)

Die DFLP ist eine marxistisch-leninistische Gruppe, die 1969 durch die Absplitterung von der PFLP entstand. Die Mitglieder der Gruppe glauben, dass die palästinensischen Ziele nur durch eine Revolution der Massen erreicht werden können. Die Gruppe legt damit das Hauptgewicht auf den ideologischen Aspekt des palästinensischen Widerstandskampfes. 1991 zerfiel sie in zwei weitere Gruppen. Die Gesamtzahl ihrer Mitglieder wird auf ca. 500 geschätzt. Vermutlich wird sie von Syrien finanziert. Die DFLP gehörte lange Zeit zu den Gegnern des Friedensprozesses, seit August 1999 findet jedoch ein Annäherungsprozess statt. Mittlerweile hat sich die DFLP grundsätzlich zu einem Waffenstillstand bereit erklärt, falls Israel seinerseits im Gegenzug auf Militäraktionen in den Palästinensergebieten verzichte. Ebenso wie die PFLP ist die DFLP in die Strukturen der palästinensischen Regierung eingebunden.

— Informationen aus: www.christen-und-juden.de

PFLP (Volksfront für die Befreiung Palästinas)

Die PFLP wurde im Dezember 1967 nach dem 6-Tage-Krieg als arabisch-nationalistische Bewegung gegründet. Ihr Hauptziel ist die Befreiung Palästinas und damit verbunden das Recht auf Selbstbestimmung der Palästinenser, die Gründung eines selbstständigen Staates „Palästina" mit einer demokratischen Verfassung und mit Jerusalem als Hauptstadt innerhalb der Grenzen des historischen Palästina sowie die Rückkehr aller palästinensischen Flüchtlinge. Die PFLP lehnt die Osloer Friedensverträge ab. Aktiv ist die Gruppe im Libanon, Westjordanland, Gaza und Israel (Ost-Jerusalem) und hat rund 800 Mitglieder. Finanziert wird sie vornehmlich von Syrien und auch Libyen (laut CIA), früher dagegen vom Ostblock.

Die PFLP ist Mitglied der PLO (zweitgrößte Partei innerhalb der PLO) und des PNC (palästinensischer Nationalrat), boykottierte ihn aber teilweise. Nichtsdestotrotz sind viele Mitglieder der PFLP in die Institutionen der palästinensischen Regierung integriert, und der Dialog zwischen der PFLP und der palästinensischen Regierung wurde seit August 1999 wieder intensiviert. Im Februar 2005 erklärte sich die PFLP unter der Bedingung zu einem Waffenstillstand bereit, dass die israelische Armee auf alle Operationen in den besetzten Gebieten verzichtet.

— Informationen aus: www.stura.uni-leipzig.de/~farao/gruppen/pflp.htm

Hamas

Die islamische Bewegung Hamas wurde 1988 gegründet. Die militant-islamistische Basisorganisation besteht aus einem politischen Flügel und einem militärischen Arm (den Untergrundzellen der Issedin-al-Kassem-Brigaden). Die Hamas hat eine starke Position, da die ihre zahlreichen sozialen Einrichtungen teilweise die nicht-vorhandene Infrastruktur im Gesundheits-, Bildungs- und Sozialbereich in Gaza ersetzen. Ziel der Vereinigung ist die Zerstörung Israels und eine gleichzeitige Errichtung eines islamischen Staates auf dem gesamten ehemaligen Mandatsgebiet Palästina. Die Hamas

Akteure im Nahostkonflikt – III

Anhang

lehnte in der Vergangenheit eine Zusammenarbeit mit der palästinensischen Autonomiebehörde (PA) ab und war gegen jegliche Übereinkunft mit Israel.

Nachdem auch andere Gruppierungen einem Waffenstillstand zugestimmt haben, bekräftigte aber auch die Hamas ihren Gewaltverzicht, vorausgesetzt, dass Israel ebenfalls sämtliche militärischen Operationen in den besetzten Gebieten stoppe. Finanziert wird Hamas aus dem Iran, aus Saudi-Arabien und den Golfstaaten sowie durch Mitgliederspenden. Ihre finanziellen Mittel werden auf 10 Millionen Dollar geschätzt. Seit 1989 ist die Hamas in den besetzten Gebieten verboten. Trotzdem hält sie sich bis jetzt auch finanziell aufrecht und ist vor allem im Gazastreifen und im Westjordanland aktiv. Die größte Zahl der Selbstmordanschläge gegen Israelis geht auf das Konto der Hamas, wogegen die Israelis für die Ermordung vieler prominenter Führungsmitglieder der Hamas in Gaza verantwortlich sind. Im Dezember 1992 schob Israel 415 Islamisten, darunter Führungskader der Hamas, in den Libanon ab, mit dem Ziel, die Organisation zu zerstören, jedoch ohne konkreten Erfolg. Am 11.09.2003 setzte die EU auch den politischen Arm der Hamas auf die Liste terroristischer Vereinigungen; als Konsequenz können Hamas-Anhänger nun verfolgt und deren Konten eingefroren werden. Die Hamas gewinnt ständig Mitglieder über Moscheen, Universitäten etc. Sie hat ungefähr 80.000 Unterstützer und einen harten Kern von 3.000 Mitgliedern.

(Quelle: Spiegel, 50/01)

Die Hamas-Bewegung erklärte sich Ende Januar 2005 nach Angaben ihres Politbüro-Chefs Khaled Mechaal bereit, sich der Palästinensischen Befreiungsorganisation (PLO) anzuschließen, ohne sich jedoch an der Regierung zu beteiligen. Nach dem Nahost-Gipfeltreffen am 8. Februar 2005 und dem vereinbarten Waffenstillstand zwischen Palästinensern und Israelis wiederholte die Hamas ihre Hauptbedingungen für eine Waffenruhe: Die Freilassung aller palästinensischen Gefangenen und ein Ende der israelischen Angriffe auf die Organisation. Bei den palästinensischen Regierungswahlen im Januar 2006 siegte die Hamas als stärkste Partei. Sie stellt den neuen Premierminister Ismail Hanija.

— **Informationen aus:** www.zeit.de/2004/18/Terror_Kasten **und** www.stura.uni-leipzig.de/~farao/gruppen.html?/~farao/gruppen/imusb.htm **und** http://kurier.at/ausland/870934.php

PIJ (Palästinensischer Islamischer Dschihad)

Der Palästinensische Islamische Dschihad (PIJ), gegründet in den Jahren 1975-80 als Bewegung von palästinensischen Studenten in Ägypten, gilt als eine der gefährlichsten Terrororganisationen im Nahen Osten. Friedensvereinbarungen lehnt der PIJ konsequent ab. In den Augen des PIJ ist Israel, dessen Existenzrecht nicht anerkannt wird, der Hauptfeind der Muslime, der mit allen Mitteln zu bekämpfen ist.

Der Organisation gehören ca. 400 aktive Kämpfer an. Sie besteht aus kleinen, unabhängig voneinander agierenden Terrorzellen. Mitgliedern sind nur die unmittelbar Beteiligten einer Operation bekannt, sodass der israelische Geheimdienst die Organisation bisher nicht zerschlagen konnte. Die Gruppe operiert vom Gazastreifen aus und verübte schon vor der ersten Intifada (1987–1993) immer wieder Anschläge auf israelische Soldaten und Zivilisten.

Lange agierte die Terrorgruppe fast ausschließlich in den besetzten Gebieten, mittlerweile schickt sie ihre Aktivisten zu Selbstmordanschlägen auch nach Israel. Im Februar 2005 erklärte sich der Islamische Dschihad nach einer Zusammenkunft mit Palästinenser-Präsident Mahmud Abbas zu einem Gewaltverzicht bereit.

— **Informationen aus:** www.defence-net.de/info/index.php?pij **und** www.zeit.de/2004/18/Terror_Kasten

Hisbollah („Partei Gottes")

Die Hisbollah ist eine schiitische, fundamentalistische Terrororganisation. Sie entstand 1982 im Süden Libanons mit dem Ziel, gegen die israelische Besatzung zu kämpfen. Die Hisbollah hat mehrere tausend Anhänger sowie einige hundert bewaffnete Kämpfer. Sie fungiert als Dachorganisation für zahlreiche fundamentalistische Gruppierungen, unter anderem für den „Islamischen Dschihad". Ihr Oberhaupt, Scheich Hassan Nasrallah, erhält praktische Hilfe aus Syrien und wird finanziell vom Iran unterstützt. Die finanziellen Mittel der Hisbollah werden auf 50 Millionen Dollar geschätzt. Die Organisation hat Selbstmordanschläge im Nahen Osten eingeführt und 1992 vorübergehend ausgewiesene Hamas-Mitglieder geschult. Ihr Ziel ist die Befreiung Palästinas mit gleichzeitiger Zerstörung des Staates Israel. Die Hisbollah gilt als verantwortlich für die Bewaffnung von Palästinensern aus Jordanien und die Einberufung arabischer Israelis für Anschläge in Israel.

Im Gegensatz zu anderen Gruppierungen, die im Februar 2005 ihre Zustimmung zu einem Waffenstillstand gegeben haben, versuchte die libanesische Hisbollah-Miliz die Friedensbemühungen zu sabotieren. Für Angriffe auf Israel rekrutiere sie dazu radikale Palästinenser.

— **Informationen aus:** www.zeit.de/2004/18/Terror_Kasten

Akteure im Nahostkonflikt – IV

Anhang

Al-Aksa-Brigaden

Die Al-Aksa-Brigaden zählen zu einer radikal-palästinensischen Gruppierung. Sie entstanden nach Ausbruch der jüngsten Intifada im Herbst 2000 und waren im Zuge der Al-Aksa-Intifada weiterhin aktiv.

Mit dem Abschluss eines Waffenstillstands zwischen dem neuen Präsidenten der palästinensischen Autonomiebehörde Mahmud Abbas und Israels Ministerpräsidenten Ariel Scharon im Februar 2005 wurde die Al-Aksa-Intifada offiziell beendet. Die Al-Aksa-Brigaden gelten als radikaler Arm von Jassir Arafats Fatah-Bewegung. Als höchster Befehlshaber der Al-Aksa-Brigaden gilt das Fatah-Oberhaupt, Marwan Barghouti. Barghouti, der heute in einem israelischen Gefängnis einsitzt, spielte bei der Koordination der Intifada eine entscheidende Rolle, wobei die lokal ansässigen Unterchefs auch unabhängig agierten. Nach israelischen Quellen werden die Al-Aksa-Brigaden direkt von der Palästinenserbehörde unterstützt und finanziert. Ihre Mitglieder wurden stark von den Aktivitäten der Hisbollah beeinflusst. Anfänglich beschränkten sich die Angriffe der Al-Aksa-Brigaden auf Siedler und Soldaten in den besetzten Gebieten. Später begannen die weltlich orientierten Brigaden auch Selbstmordattentate in Israel zu verüben. Die Anführer behaupteten, dies sollte zur Popularität der Fatah gegenüber ihren Gegnern, der islamischen Opposition von Hamas und Islamischem Dschihad beitragen. In jüngster Zeit kam es jedoch häufiger zu einer Kooperation der Al-Aksa-Brigaden mit der Hamas und dem Palästinensischen Islamischen Dschihad.

— **Informationen aus:** www.zeit.de/2004/18/Terror_Kasten

PNI (Palestinian National Initiative)

Die „Palestinian National Initiative" ist eine demokratische Oppositionsbewegung. Es handelt sich dabei um eine Gruppe prominenter Palästinenser aus Politik, Wissenschaft und Kultur, die seit langem auf interne Reformen drängt. Gegründet wurde sie u.a. von Mustafa Barghouti, einem Menschenrechts- und Demokratie-Aktivisten. Die PNI sieht sich als „dritte Alternative" zu der PLO und den extremistischen Organisationen. Zu den Forderungen der PNI zählen freie, demokratische Wahlen, Umbau der Regierung, Achtung der Verfassung, Trennung der Gewalten einschließlich Unabhängigkeit der Justiz sowie ein Ende der Korruption und Misswirtschaft in der Politik. Darüber hinaus fordert die PNI den Umbau der Sicherheitsdienste und die Verbesserung der Dienst- und Sozialleistungen. Wie alle anderen palästinensischen Gruppen und Initiativen fordert die PNI die Freilassung der in israelischen Gefängnissen sitzenden Palästinenser. Erst nach diesen Reformen und mit einer geeinten Führung wären die Palästinenser nach Meinung der PNI in der Lage, mit Israel in Verhandlungen zu treten und der Besatzung ein Ende zu machen.

— **Informationen aus:**
www.reiner-bernstein.de/genfer_initiative_kontexte11-04.html **und**
www.kas.de/proj/home/pub/19/2/year-2005/dokument_id-6107/

Die israelische Seite

Israel verfügt über ein starkes Militär. Die Vorläufer dieses Militärs in Israel sind die jüdischen Untergrundbewegungen. Die älteste unter ihnen war die „Hagana". Ihre bekannteste Splittergruppe wurde unter dem Namen „Irgun" bekannt und wurde später durch weitere Organisationen auf lokaler, aber auch auf landesweiter Ebene ergänzt. Doch die Hagana behielt die zentrale Rolle bei der Verteidigung. Nach der Unabhängigkeitserklärung und der Ausrufung des Staates Israel bildete die Regierung am 26. Mai 1948 die israelischen Verteidigungskräfte, die Armee des Staates, in die auch die jüdischen Untergrundbewegungen Hagana, Etzel, Lechi und Palmach eingegliedert wurden.

Wichtige Parteien in Israel

Das politische Leben in Israel ist durch eine große Parteienvielfalt gekennzeichnet, die die Fülle von Meinungsunterschieden widerspiegelt. Dazu trägt vor allem das bestehende Verhältniswahlrecht mit seiner 1,5-prozentigen Sperrklausel bei. Diese geringe Hürde erlaubt, dass selbst sehr kleine parteipolitische Gruppierungen Einzug in das israelische Parlament, die Knesset (übersetzt: Versammlung), erhalten. Im heutigen Parteienbild stehen sich hauptsächlich drei Formationen gegenüber: der national-konservative Likud-Block und kleinere rechtsnationale Parteien, die sozialdemokratische Arbeitspartei und der linke Merez-Block sowie die religiösen Parteien, deren stärkste Kraft die Schas-Partei ist.

— **Informationen aus:** www.hagalil.com/israel/politik/

Likud-Partei

Die Likud-Partei wurde im September 1973 aus den vier konservativen Parteien „Freies Zentrum", „Cherut", „Eretz Israel" und „Gahal" gebildet. Der Ursprung des heutigen Likud-Blocks war jedoch die Cherut (Freiheits-) Partei, die 1948 gegründet wurde und ein stark nationalistisches Parteiprogramm hatte. Grundlage für die Bildung des Likud

Akteure im Nahostkonflikt – V

Anhang

war die Überzeugung der konservativen Parteien, dass die im 6-Tage-Krieg gewonnenen Gebiete Sinai, Westjordanland, Gazastreifen und Golan-Höhen israelisches Territorium seien und nicht zurückgegeben werden dürften.

Einer der bekanntesten Likud-Vertreter war der ehemalige Ministerpräsident Ariel Scharon, der aber im November 2005 aus der Partei austrat. Von 1977 bis 1992 war die Likud-Partei in verschiedenen Koalitionen an der Macht. Von 1992 bis 1996 befand sich die Partei in der Opposition, 1996 kehrte sie mit ihrem Kandidaten Benjamin Netanjahu in die Regierung zurück. Nach einer Wahlniederlage 1999 und dem Sturz des politischen Gegners Ehud Barak ist die Likud-Partei wieder die regierende Partei. Die Partei will, dass die besetzten Gebiete auch in Zukunft zu Israel gehören. Zwar wurde nach dem 6-Tage-Krieg der Sinai an Ägypten 1978 zurück gegeben, doch weitere Kompromisse will die Partei nicht eingehen. Ihre Vertreter weigerten sich lange, mit Jassir Arafat Gespräche zu führen. Die Autonomie der palästinensischen Gebiete wird nicht akzeptiert, die Bildung eines palästinensischen Staates von der Mehrheit innerhalb des Likud-Blocks konsequent abgelehnt. Die Likud-Partei bremste bisher den Friedensprozess außerdem durch ihre provokative Siedlungspolitik. Um ihr Recht auf die besetzten Gebiete zu untermauern, entstanden dort jüdische Siedlungen. Über die Rückzugspläne aus dem Gazastreifen wollte die Partei im März 2005 die Israelis selbst entscheiden lassen und verlangte eine Volksabstimmung. Die Likud-Partei stützt sich im Wesentlichen auf eine sefardische bzw. misrachische Wählerschaft. Bei den Parlamentswahlen im März 2006 stellte sich Benjamin Netanjahu erneut als Kandidat zur Verfügung.

— **Informationen aus:** www.politikerscreen.de/direct.asp?page=/lexikon/lexikon_detail.asp

Schas-Partei

Zu den wichtigsten orthodoxen Parteien in Israel zählen die Schas-Partei und die Nationalreligiöse Partei (NRP). Die Schas-Partei ist eine ultraorthodoxe Partei sefardischer bzw. misrachischer Juden. Die Partei trat 1984 erstmals bei Parlamentswahlen an und ist seit 1999 die drittgrößte Fraktion in der Knesset, dem israelischen Parlament. Die Schas-Partei mit ihrem spirituellen Oberhaupt Rabbiner Ovadia Josef und ihrem Vorsitzenden Eli Jischai versteht sich als Vertreter sozial schwacher sefardischer bzw. misrachischer Juden in Israel. Ihre Anhänger entstammen vorwiegend arabischen Staaten wie dem Libanon, dem Jemen und dem Irak.

Dem Gaza-Rückzugsplan von Ministerpräsident Ariel Scharon wollte sich die Schas-Partei im Februar 2005 nicht anschließen.

— **Informationen aus:** www.otz.de/osr/osr.nahost.glossar.php

Die Nationalreligiöse Partei (NRP)

Die Nationalreligiöse Partei (NRP) ist eine eindeutig jüdische und zionistische Partei. Sie ist in ihren religiösen Positionen etwas gemäßigter als die ultraorthodoxe Schas-Partei, dafür aber in der Außenpolitik extremer. Die Wähler der orthodoxen Parteien sind eine in etwa ausgewogene Mischung von Aschkenasim und Sefardim bzw. Misrachim.

— **Informationen aus:** Benyamin Neuberger, Staatsaufbau und politisches System, S. 14–24 in: Informationen zur politischen Bildung „Israel", Heft 278/2003.

Arbeitspartei (IAP)

Die sozialistische Bewegung Achdut Ha'awoda wurde bereits 1919 gegründet als „Zionistisch-Sozialistische Gewerkschaft der Arbeiter des Landes Israel". 1930 einte sich die Union mit „Hapo'el Hazza'ir" („Der Junge Arbeiter"). Gemeinsam gründeten sie „Mapai", eine Partei, die sich an sozialdemokratischen Ideen orientierte, marxistischen Vorstellungen wie der Regierung der Arbeiterklasse aber eine Absage erteilte und für den eher defensiven Weg der Jischuw-Verteidigung eintrat. Zu den Gründen und zentralen Politikern dieser Partei gehört der erste Ministerpräsident und Gründer des Staates Israel, David Ben Gurion.

Die westlich orientierte sozialdemokratische Mapai war seit ihrer Gründung 1930 die dominante Partei des Arbeiterblocks. Ihre Programmatik war von Anfang an zionistisch, nichtreligiös, gemäßigt sozialistisch und demokratisch ausgerichtet. Aus der Mapai gingen die meisten führenden Politiker des Landes (auch vor der Staatsgründung) und von 1948 bis 1977 alle Regierungschefs hervor.

Die bis zu den Wahlen von 1977 ununterbrochen regierende Arbeitspartei entstand 1968 durch den Zusammenschluss der Mapai mit der Achdut Ha'awoda und Rafi.

Zu den bekanntesten Vertretern der gemäßigten linken Arbeitspartei zählten neben David Ben Gurion auch die Ministerpräsidenten Mosche Scharett, Levi Eschkol, Jizchak Rabin, Schimon Peres und Ehud Barak. Die Wähler der linken Arbeitspartei sind im Wesentlichen aschkenasische Juden. Bei den Parlamentswahlen im März 2006 trat Amir Peretz als Kandidat der Arbeitspartei an.

— **Informationen aus:** www.hagalil.com/israel/politik/

Akteure im Nahostkonflikt – VI

Anhang

Merez-Jachad-Partei

Die linke Merez-Partei bildete sich aus der linkssozialistischen Mapam und der in den 1970er Jahren entstandenen radikal-liberalen „Bewegung für Bürgerrechte und Frieden". Die Partei steht der außerparlamentarischen Bewegung „Schalom Achschaw" („Peace Now" bzw. „Frieden Jetzt") sehr nahe und engagiert sich stark für Zugeständnisse im Friedensprozess. Im Jahr 2003 erlebte Merez eine große Wahlniederlage, die ihren Vertreter Jossi Sarid zum Rücktritt zwang. Die Merez-Jachad-Partei unter Yossi Beilin ruft zum Ende der Besatzung und zur Räumung der besetzten Gebiete auf.

— **Informationen aus:** Benyamin Neuberger, Staatsaufbau und politisches System, S. 14–24 in: Informationen zur politischen Bildung „Israel", Heft 278/2003.

Schinui-Partei

Bis 2005 hat die Zentrumspartei Schinui (hebr.: Veränderung) einen großen Zulauf erlebt. Die 1999 gegründete Partei steht für eine radikal-antiklerikale (d.h. „linke", absolut nicht-religiöse) Politik in der religiösen Frage und zugleich eine liberal-kapitalistische („rechte") Politik in Sozial- und Wirtschaftsfragen. Ein schwerer Schlag für die Partei war die Gründung der neuen Partei Kadima, die ihr das Zentrum des israelischen Parteiensystems entriss.

— **Informationen aus:** Benyamin Neuberger, Staatsaufbau und politisches System, S. 14–24 in: Informationen zur politischen Bildung „Israel", Heft 278/2003.

Arabische Parteien

Die arabischen Parteien sind nur mit sehr wenigen Abgeordneten in der Knesset vertreten. Die Israelische Kommunistische Partei hat ihren Ursprung in den bereits vor der Staatsgründung gegründeten Bewegungen. Zusammen mit der „Demokratischen Front für Frieden und Gleichheit" (DFFG) versteht sie sich ideologisch als jüdisch-arabische Partei. Die Partei ist links, säkular und nicht zionistisch. Sie wird allerdings zu über 90% von der arabischen Minderheit gewählt, da sie vor allem die Interessen der arabischen Israelis vertritt. Erst in den letzten Jahrzehnten entstanden national-arabische und islamisch-konservative Parteien in Israel (früher wurden sie vom israelischen Sicherheitsestablishment nicht zugelassen). Die eher konservativen, religiös-islamischen arabischen Israelis sind in der Knesset u.a. durch die „Vereinigte Arabische Liste" (VAL) vertreten.

— **Informationen aus:** Benyamin Neuberger, Staatsaufbau und politisches System, S. 14–24 in: Informationen zur politischen Bildung „Israel", Heft 278/2003.

Kadima-Partei

Vorsitzender der im November 2005 vom ehemaligen Ministerpräsidenten Ariel Scharon neu gegründeten Mitte-rechts-Partei Kadima ist Israels neuer Ministerpräsident Ehud Olmert. Bezugnehmend auf den so genannten „Scharon-Plan" zum einseitigen Rückzug aus palästinensischem Gebiet, hat die Partei klare Schritte hin zu einer Zweistaatenlösung (Israel und Palästina) angekündigt. In einem einseitigen Vorgehen, d.h. ohne dass mit den Palästinensern verhandelt wird, plant die Partei bis zum Jahr 2010 die tief im Westjordanland verstreuten Siedlungen zu räumen und den Palästinensern das Land zurückzugeben. Gleichzeitig will sie aber drei große Siedlungsblöcke nahe der Grenze (und auf palästinensischem Gebiet!) fest ausbauen. Es wird sich zeigen, ob Olmert diese Pläne in der neuen Regierung durchsetzen kann.

Israel Beitenu - Partei

Der Großteil der Wähler der rechtskonservativen Partei „Israel Beitenu" sind russische Neueinwanderer in Israel. Kritiker sprechen von einer „Partei der Russisten und Rassisten", weil die Partei auch stark anti-arabisch ist. Parteigründer Avigdor Lieberman konnte im Wahlkampf 2006 eine große Zahl ehemaliger Likud-Wähler auf seine Seite gewinnen mit dem Versprechen, sich um die vielen benachteiligten und arbeitslosen russischen Einwanderer zu kümmern. Außerdem warb er mit der Idee, alle arabischen Israelis nach Palästina auszuweisen bzw. die Grenzen so zu ziehen, dass israelisch-arabische Dörfer an der Grenze einfach in palästinensisches Gebiet ausgelagert werden und damit von der neuen Landkarte Israels verschwinden.

Hilfreiche Internet-Seiten

▶ Botschaft des Staates Israel in Deutschland
   www.israel.de

▶ Israelisches Außenministerium (englisch)
   www.mfa.gov.il/mfa/

▶ Palästinensische Generaldelegation in Deutschland
   www.palaestina.org

▶ Ein Link-Portal zum Nahostkonflikt
   www.erhard-arendt.de/deutsch/palaestina/index.html

Fotomaterial – I

Anhang

Foto: © Wiltrud Rösch-Metzler

Fotomaterial – II

Anhang

Foto: © www.photofactory.nl

Fotomaterial – III

Anhang

Foto: © www.photofactory.nl

Foto: © www.photofactory.nl

Links und Literatur – I

Anhang

Hinweis zur Umschrift arabischer und hebräischer Begriffe:

Leider gibt es verschiedene Schreibweisen von arabischen oder hebräischen Begriffen, Namen und Orten. Besonders bei der Suche im Internet ist das ein Problem. Oft wird in Artikeln statt der deutschen Umschrift die englische verwendet. Besonders bei folgenden Buchstaben ist mit Abweichungen zu rechnen:

j – y Der Name **Jizchak** wird auch **Yizhak** (englische Umschrift) geschrieben, oder aber **Yitzhak** oder **Jitzchak**. Das jüdische Fest **Jom Kippur** wird häufig auch **Yom Kippur** geschrieben.

ch – h Das jüdische Fest **Chanukka** wird oft auch **Hanukkah** (englische Umschrift) geschrieben. Dafür hat sich die Schreibweise **Fatah** festgesetzt, obwohl die Partei eigentlich eher wie **Fatach** ausgesprochen wird.

z – tz – ts Statt **Kibbuz** ist auch die Schreibweise **Kibbutz** zu finden, statt **Erez Israel** auch **Eretz Israel**.

a – ah Die Wortendung **-ah** soll in der Regel andeuten, dass hier ein langes, offenes **a** gesprochen wird. Deshalb findet man für **Hagana** auch die Schreibweise **Haganah**, für **Menora** auch **Menorah**. Bei der Stadt **Ramallah** hat sich die Schreibweise einfach durch die häufige Verwendung festgesetzt.
Achtung: Bei **Fatah** steht das **h** am Ende für einen Kehllaut, den Deutsche am besten mit **ch** wiedergeben können.

u – ou Einige arabische Namen wie z.B. **Mahmud** (gesprochen etwa **Machmud**) werden manchmal in der französischen Umschrift **Mahmoud** geschrieben.

Fach- und Sachbücher zum Nachschlagen und Informieren:

Michael Brenner: **Geschichte des Zionismus.** Verlag C.H. Beck, 2002 (128 S.). ISBN 3-406-47984-7
Informationen über die Geschichte der zionistischen Bewegung und ihre Rolle und Bedeutung im Nahostkonflikt.

Dietmar Herz: **Palästina – Gaza und Westbank.** Geschichte, Politik, Kultur. Verlag C.H. Beck, 2003 (252 S.). ISBN 3-406-49452-8
Überblick über Geschichte, Politik, Wirtschaft, Gesellschaft und Kultur Palästinas und die Hintergründe des Nahostkonflikts.

Angelika Timm: **Israel – Gesellschaft im Wandel.** VS Verlag für Sozialwissenschaften, 2003 (327 S.). ISBN 3-8100-4032-0
Veränderungen und die Lage in Israel seit Ende der 1980er Jahre mit Schwerpunktthema Nahostkonflikt.

Glossare im Internet:

Nahostkonflikt von Dschihad bis Wasser-Politik:
www.spiegel.de/politik/ausland/0,1518,111838,00.html
(Auszüge aus: Gernot Rotter, Schirin Fathi (Hrsg.), Nahostlexikon. Der israelisch-palästinensische Konflikt von A–Z. Palmyra Verlag, 2001, 524 S.)

Zionismus von A–Z (mit Fotos und Bildern):
http://jafi.jewish-life.de/zionismus/gloss/glossa.html

Bücher zum Lesen, Nachlesen, leichten Schmökern und Vertiefen:

Uri Avnery/Azmi Bishara (Hg.): **Die Jerusalemfrage. Israelis und Palästinenser im Gespräch.** Palmyra, 1996 (320 S.). ISBN 3-930378-07-8
Mit Beiträgen von Teddy Kollek, Hanan Ashrawi, Amos Oz, Faisal Husseini, Ehud Olmert, Albert Aghazarian, Shulamit Aloni, Nazmi al-Jubeh u.a.

Amira Hass: **Gaza. Tage und Nächte in einem besetzten Land.** DTV, 2004 (413 S.). ISBN 3-423-34138-6
Reportagen und Berichte über das palästinensische Alltagsleben.

Amira Hass: **Bericht aus Ramallah – Eine israelische Journalistin im Palästinensergebiet.** Diederichs Verlag, 2004 (231 S.). ISBN 3-7205-2483-3
Reportagen und Gespräche mit Besatzern und Besetzten.

Irit Neidhardt (Hg.): **Mit dem Konflikt leben? Berichte und Analysen von Linken aus Israel und Palästina.** Unrast Verlag, 2003 (167 S.). ISBN 3-89771-010-2
Mit Beiträgen von Tanya Reinhart, Subhi al-Zobaidi, Amira Hass, Hany Abu-Assad, Ella Habiba Shohat, Anna Sherbany, Nabila Espanioly, Awatef Sheikh und Azza El-Hassan.

Eyal Ofer: **Die Mauer: Israel – Palästina.** Melzer Verlag, 2004 (120 S. mit 100 Farbfotos). ISBN 3-937389-49-0
Ein Bildband mit Beiträgen von Uri Avnery, Eyal Ofer, Manuela Dviri u.a.

Amal Rifa'i, Odelia Ainbinder: **Wir wollen beide hier leben.** Rowohlt Tb, 2004 (174 S.). ISBN 3-499-61957-1
Eine schwierige Freundschaft in Jerusalem zwischen der 17-jährigen Palästinenserin Amal Rifa'i und der gleichaltrigen jüdischen Israelin Odelia Ainbinder.

Edward W. Said: **Das Ende des Friedensprozesses.** Berlin Verlag, 2002 (320 S.). ISBN 3-8270-0419-5
Kritische Essays über den Friedensprozess seit dem Abkommen von Oslo und Gedanken zur friedlichen Schlichtung des israelisch-palästinensischen Konflikts.

Rafik Schami: **Mit fremden Augen.** DTV, 2004 (156 S.). ISBN 3-423-13241-8
Ein Tagebuch über den 11. September, den Palästinakonflikt und die arabische Welt.

Links und Literatur – II

Anhang

Tom Segev: **Es war einmal ein Palästina – Juden und Araber vor der Staatsgründung Israels.** Siedler Verlag, 2005 (672 S.).
ISBN 3-88680-805-X
Zur Geschichte der Juden und Araber in Palästina vor der israelischen Staatsgründung 1948.

Israelische und palästinensische Jugendromane:

Daniella Carmi: **Samir und Jonathan.** dtv, 2000 (190 S.).
ISBN 3-423-62026-9
Über die Freundschaft eines palästinensischen und israelischen Jungen, die sich im Krankenhaus kennen lernen.

Dalya B. Cohen: **Uri und Sami.** dtv, 1994 (91 S.). ISBN 3423703334
Der Israeli Uri verläuft sich bei einem Klassenausflug in den Bergen und begegnet dem gleichaltrigen Sami, einem Palästinenser.

Naomi Shihab Nye: **Habibi.** Alibaba Verlag, 2005 (250 S.).
ISBN 3-86042-091-7
Liyana zieht mit der Familie nach Jerusalem, der Stadt, aus der ihr arabischer Vater stammt.

Internetseiten mit aktuellen Informationen, Texten, Karten und Bildern:

www.israel.de
Botschaft des Staates Israel in Berlin.

www.palaestina.org
Generaldelegation Palästinas in der BRD in Berlin.

www.mfa.gov.il (englisch)
Außenministerium des Staates Israel.

www.pna.gov.ps (englisch)
Palästinensische Autonomiebehörde.

www.bitterlemons.org (englisch)
Wöchentliche Berichte zu Themen des Nahostkonflikts.

www.gush-shalom.org (englisch, z.T. auch deutsch)
Israelische Friedensinitiative. Uri Avnery veröffentlicht hier zahlreiche Artikel in deutscher Sprache!

www.palestine-net.com (englisch)
Eine Sammlung verschiedener Links mit Hintergrundinformationen zu Palästina.

www.hagalil.de
Artikel und Links zu Judentum und Israel.

www.israelnetz.de
Deutscher Nachrichtenservice zu Israel.

www.btselem.org (englisch)
Israeli Information Center for Human Rights in the Occupied Territories. – Zum Thema Menschenrechte in den besetzten Gebieten.

www.swr.de/swr2/israel/tagebuch/index.html
Das israelische Tagebuch vermittelt viele Einblicke in den israelischen Alltag. (Projekt der ARD und des SWR)

www.swr.de/swr2/palaestina/index.html
Das palästinensische Tagebuch vermittelt viele Einblicke in den palästinensischen Alltag. (Projekt der ARD und des SWR)

www.pchrgaza.org (englisch)
Palestinian Centre for Human Rights Gaza – Statistiken, Daten, Karten, wöchentliche Berichterstattung.

www.nahost-politik.de
Nachrichten, Kommentare, Hintergrundberichte auf Deutsch.

www.haaretzdaily.com (englisch)
Israelische Tageszeitung Ha'arez.

www.palestinechronicle.com (englisch)
Wochenjournal mit kritischen Artikeln zu Palästina, Israel und Nahost.

www.ipcri.org (englisch)
Israel/Palestine Center for Research and Information. Initiative zur friedlichen Lösung des israelisch-palästinensischen Konflikts.

www.passia.org (englisch)
Palestinian Academic Society for the Study of International Affairs. Forschungen zum israelisch-palästinensischen Konflikt, zum Streit um Jerusalem und interreligiösen Dialog.

www.birzeit.edu (englisch)
Homepage der Uni Birzeit im Westjordanland mit Infos zu Land und Leuten und weiteren Links und Angeboten.

www.pij.org (englisch)
Palestine-Israel-Journal – Artikel und Kommentare zum Nahostkonflikt.

http://electronicintifada.net (englisch)
Nachrichten und Berichte über den Nahostkonflikt und Palästina aus palästinensischer Sicht.

www.peacenow.org.il (englisch)
Israelische Friedensbewegung Schalom Achschaw (Frieden jetzt).

www.dija.de
Datenbank für internationale Jugendarbeit, Länderinfos zu Israel.

Israelische und palästinensische Filme:

www.mecfilm.de
Ein auf palästinensische, israelische und Filme zum Nahostkonflikt spezialisierter Filmverleih. Hier gibt es auch einen Veranstaltungskalender mit speziellen Filmvorführungen usw.

www.kinofenster.de
(➜Archiv ➜Stichwort: Israel ➜Themenausgabe: Israel und Palästina) Eine Zusammenstellung von Filmen zum Nahostkonflikt mit Kurzbeschreibungen.

VERLAG *an der Ruhr*
– Keiner darf zurückbleiben –

Basics für Junglehrer
Der optimale Einstieg in den Arbeitsplatz Schule
Für alle Schulstufen,
188 S., 16 x 23 cm, Pb.
ISBN 3-8346-0063-6
Best.-Nr. 60063
15,80 € (D)/16,25 € (A)

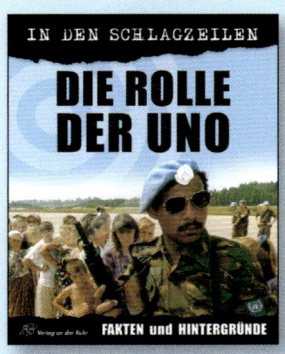

Die Rolle der UNO
Fakten und Hintergründe
12–17 J., 32 S., 21 x 26 cm,
Hardcover, vierfarbig
ISBN 3-8346-0029-6
Best.-Nr. 60029
12,50 € (D)/12,85 € (A)

Wer war Mozart?
Arbeitsblätter zu Leben, Werk und Zeitgeschichte
Kl. 5–7, 75 S., A4, Papph.
ISBN 3-8346-0081-4
Best.-Nr. 60081
18,60 € (D)/19,15 € (A)

Mozart für den Unterricht
Die CD zu den Arbeitsmaterialien
Kl. 3–7, CD, Audio-CD, 9 Hörbeispiele, 40 Min.
ISBN 3-8346-0143-8
Best.-Nr. 60143
11,50 € (D)/11,80 € (A)

Kooperatives Lernen – Kooperative Schule
Tipps, Praxishilfen und Konzepte
Für alle Schulstufen,
252 S., 16 x 23 cm, Pb.
ISBN 3-8346-0021-0
Best.-Nr. 60021
17,80 € (D)/18,30 € (A)

Die Rolle der UNO
Arbeitsmaterialien
Kl. 7–11, 50 S., A4, Papph.
ISBN 3-8346-0028-8
Best.-Nr. 60028
18,– € (D)/18,50 € (A)

Sprachlich fit in allen Situationen
Ideen und Methoden zur Verbesserung mündlicher Kommunikation
10–12 J., 142 S., 16 x 23 cm, Pb.
ISBN 3-8346-0042-3
Best.-Nr. 60042
13,– € (D)/13,40 € (A)

Das 5-Minuten-Rechtschreibtraining
Kl. 5–7, 92 S., A4, Pb.
ISBN 3-8346-0027-X
Best.-Nr. 60027
18,60 € (D)/19,15 € (A)

Berufswahl: Das will ich – das kann ich – das mach ich
Lebensplanung spielerisch ausprobieren
12–21 J., 158 S., A4, Pb.
ISBN 3-8346-0026-1
Best.-Nr. 60026
19,– € (D)/19,50 € (A)

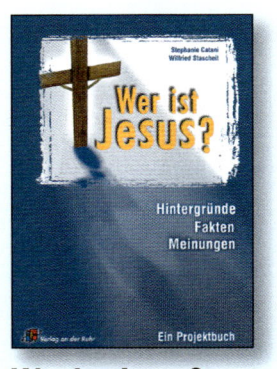

Wer ist Jesus?
Hintergründe, Fakten, Meinungen.
Ein Projektbuch.
13–19 J., 97 S., A4, Pb.
ISBN 3-86072-923-3
Best.-Nr. 2923
18,60 € (D)/19,15 € (A)

Gewusst, wo! – Ein Quiz
Atlasarbeit spielerisch üben
Kl. 5–7, 128 S., A6-quer, Kartei-Karten, inkl. Lehrerheft und Kartei-Box
ISBN 3-8346-0033-4
Best.-Nr. 60033
15,80 € (D)/16,25 € (A)

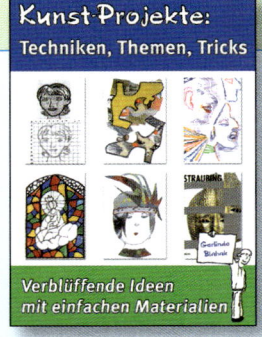

Kunst-Projekte: Techniken, Themen, Tricks
Verblüffende Ideen mit einfachen Materialien
Kl. 5–13, 91 S., A4, Papph. (mit vierf. Abb.)
ISBN 3-8346-0038-5
Best.-Nr. 60038
18,60 € (D)/19,15 € (A)

Informationen und Beispielseiten unter www.verlagruhr.de
Verlag an der Ruhr • Postfach 10 22 51
45422 Mülheim an der Ruhr

Bitte richten Sie Ihre Bestellung an:
Verlag an der Ruhr • Tel.: 0208 – 49 50 40
Fax: 0208 – 495 0 495 • bestellung@verlagruhr.de

Mehr unter www.verlagruhr.de ▶▶

Von der Einleitung zur Schlusspointe
Textbausteine gezielt üben und Schwachstellen beseitigen
Kl. 5–10, 84 S., A4, Papph.
ISBN 3-8346-0030-X
Best.-Nr. 60030
18,50 € (D)/19,– € (A)/32,40 CHF

Ist der Islam gewalttätig?
Infos, Arbeitsblätter, Diskussionsanregungen
13–19 J., 40 S., A4, Papph.
ISBN 3-8346-0059-8
Best.-Nr. 60059
14,80 € (D)/15,20 € (A)/25,90 CHF

K.L.A.R. – Taschenbuch
Ich habe echt keinen Hunger!
12–16 J., 97 S., 12 x 19 cm, Pb.
ISBN 3-8346-0034-2
Best.-Nr. 60034
5,– € (D)/5,15 € (A)/9,– CHF

K.L.A.R. – Literatur-Kartei
„Ich habe echt keinen Hunger!"
Kl. 7–10, 67 S., A4, Papph.
ISBN 3-8346-0035-0
Best.-Nr. 60035
17,50 € (D)/18,– € (A)/30,70 CHF

Freies Schreiben – Schritt für Schritt
Ein systematischer Kurs
Kl. 5–7, 132 S., A4, Pb.
ISBN 3-8346-0047-4
Best.-Nr. 60047
19,50 € (D)/20,– € (A)/34,20 CHF

Natur- und Umweltkatastrophen – Menschengemacht?
Informationen, Hintergründe, Projektideen
12–16 J., 111 S., A4, Pb.
ISBN 3-86072-928-4
Best.-Nr. 2928
19,60 € (D)/20,15 € (A)/34,30 CHF

K.L.A.R. – Taschenbuch
Merkt doch keiner, wenn ich schwänze.
12–16 J., 97 S., 12 x 19 cm, Pb.
ISBN 3-8346-0036-9
Best.-Nr. 60036
5,– € (D)/5,15 € (A)/9,– CHF

K.L.A.R. – Literatur-Kartei
„Merkt doch keiner, wenn ich schwänze."
Kl. 7–10, 64 S., A4, Papph.
ISBN 3-8346-0037-7
Best.-Nr. 60037
17,50 € (D)/18,– € (A)/30,70 CHF

Mehr unter www.verlagruhr.de

Das Rechtschreibprogramm: Üben, Einprägen, Kontrollieren
Arbeitsblätter mit Lösungen
Kl. 5–7, 88 S., A4, Pb., + Regelheft, 80 S., Pb.
ISBN 3-8346-0043-1
Best.-Nr. 60043
23,– € (D)/23,65 € (A)

Sudokus für die Schule
Erste Sudokus für die Sekundarstufe
Logikrätsel zum Kombinieren und Konzentrieren
Kl. 5–8, 56 S., A4, Papph.
ISBN 3-8346-0058-X
Best.-Nr. 60058
14,80 € (D)/15,20 € (A)/25,90 CHF

K.L.A.R. – Taschenbuch
Aber Aisha ist doch nicht euer Eigentum!
12–16 J., 99 S., 12 x 19 cm, Pb.
ISBN 3-8346-0055-5
Best.-Nr. 60055
5,– € (D)/5,15 € (A)/9,– CHF

K.L.A.R. – Literatur-Kartei
„Aber Aisha ist doch nicht euer Eigentum!"
Kl. 7–10, 72 S., A4, Papph.
ISBN 3-8346-0056-3
Best.-Nr. 60056
17,50 € (D)/18,– € (A)/30,70 CHF

Informationen und Beispielseiten unter www.verlagruhr.de
Verlag an der Ruhr • Postfach 10 22 51
45422 Mülheim an der Ruhr

Bitte richten Sie Ihre Bestellung an:
Verlag an der Ruhr • Tel.: 0208 – 49 50 40
Fax: 0208 – 495 0 495 • bestellung@verlagruhr.de